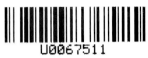

別讓不懂人情世故害了你

Social interpersonal psychology

活學活用人際心理學

夏洛克 編著

美國成功學大師戴爾．卡耐基經過長期的研究得出結論：
一個人的成功，只有百分之二十是靠專業技能，剩下的百分之八十則是要靠靈活的交際手腕和做人處世的能力。

確實如此，良好的人際關係，通常是幫助一個人順利成功的最重要推力。真正成功的人，不光有能力、肯努力，
還要懂得利用別人的力量讓自己快速達成目的。
就人性心理學而言，人際關係正是一門洞悉人情世故並且靈活運用的學問，倘使你不懂得人情世故，或是認為這些並不重要，
那它們就為成為讓你摔跟斗的絆腳石。

【出版序】

現實很殘酷，你必須學點厚黑心術

人不能只有小聰明，卻沒有大智慧；厚黑學不是教你賣弄聰明、耍奸玩詐，而是教你借用別人的能力，快速達成自己的目的。

現實很殘酷，想在慘烈的人性戰場存活，就必須學點厚黑心術，才能借用別人的能力，快速達成自己的目的。

用點手腕、使點手段，掌握一些厚黑技巧，往往是讓問題迎刃而解的最佳捷徑，同時也是現代人求生自保必備的智慧。

就本質來說，智慧和厚黑的內容是相同的，只不過是同一種應對模式的正反說法，岳飛用的時候，我們稱之爲智慧，秦檜用的時候，我們叫它厚黑。

古往今來的歷史經驗與生活教訓告訴我們：成功的秘訣就是智慧。唯有智慧才能使人脫胎換骨，也唯有智慧才能改變人生！

諸葛孔明向來被視爲智慧的化身，英姿煥發，才智溢於言表，手執羽扇頭戴綸巾，談笑間敵艫灰飛煙滅，何其瀟灑自如！他靠的是什麼？答案是智慧。

《西遊記》中的齊天大聖孫悟空護送唐僧前去西天取經，歷經九九八十一難，上天入地，翻江倒海，橫掃邪魔，滅盡妖孽，何其威風暢快，激動人心！貫穿整部《西遊記》的是什麼？答案還是智慧。

許多世界知名將領身經百戰，洞察敵謀，所向披靡，締造一頁頁傳奇。他們何以能叱吒風雲，在險惡的戰場屢建奇功？靠的還是鬥智不鬥力的智慧。

拿破崙橫掃歐洲大陸，如入無人之境；愛迪生一生發明無人能出其右，廣爲世人稱道，原因都在於他們懂得搭建通向成功的橋樑，擁有打開智慧寶庫的鑰匙。

當你前途茫茫、命運乖舛，輾轉反側卻不得超脫的時候，你需要智慧；當你面臨群丑環伺，想要擺脫小人糾纏之時，你需要智慧。

在你身陷絕境，甚至大禍迫在眉睫之際，想要化險爲夷、反敗爲勝，你需要智慧；在你萬事俱備只欠東風的時候，如何把握機稍縱即逝的良機，你需要智慧。在你身處險境、危機四伏時，想躲避來自四面八方的暗箭，你需要智慧；在你春風得意馬蹄疾揚的時候，如何不致中箭落馬，更需要智慧。

在十倍速變化的世紀裡，古人所說的「離散圓缺應有時，各領風騷數百年」景況將不復出現，一個人的影響力、穿透力至多只能維持數十年。

我們當中，只有極少部分的人能靠著智慧和不斷自我砥礪，而獲得通往成功的通行證，絕大多數的人都將繼續在失敗的泥沼中跋涉，最後慘遭時代吞噬。

更殘酷地說，從來沒有一個世紀是愚騃無知之徒的世紀——他們充其量不過是歷史煙塵中庸碌的過客，或者任由豺狼宰割的羔羊；他們想擁抱時代，時代卻無情地吞噬、遺棄、嘲弄他們。

無疑的，二十一世紀是智者通贏的世紀，我們既面臨空前無情的挑戰，同時也面臨曠世難遇的機遇。

失意、落敗、悲哀無可避免地會降臨在那些愚騃懵懂、懦弱無能的人身上，這些人將成爲時代的棄兒，被遺棄在歷史的垃圾堆。

成功的機遇則會擁抱那些充滿智慧、行事敏捷、勇於進取的人；唯有這些人方能成爲時代的驕子，分享新世紀的光輝和榮耀。

洛克維克曾經寫道：「狼有時候也會保護羊，不過那只是為了便於自己吃羊。」

在這個誰低下脖子，誰就會被人當馬騎的年代裡，如果想要生存下去，就要具備厚黑的智慧，既要通曉人性的各種弱點，又要懂得運用爲人處世的技巧。

本書要教導讀者的，就是在人性叢林中成功致勝的修身大法。內容包含兩個層面，一是自我素質的快速提昇，透過吸收書中列舉的借鏡與知識，累聚各式各樣必備的智慧，增進自身的涵養；一是徹底摸清人性，修習爲人處世的技巧，運用機智、適當的手腕，適時發揮本身所具備的才能。

這兩者正是獲得成功的最重要因素，也是決定性的因素。

人不能只有小聰明，卻沒有大智慧；厚黑學不是教你賣弄聰明、耍奸玩詐，而是教你看穿人性、修練人生。如果你不懂得厚黑學，不懂得洞悉別人如何耍弄心機，那麼永遠都只會是人性戰場上的輸家。

PART1

學會相處是成功的護身符

學會與其他人相處，打好人際關係，可以成為護身符，保護一個人在激烈競爭的險惡社會中平安生存，進而獲得成功。

PART 2

識人不明，小心賠了夫人又折兵

貪婪是人性，好利也是人性，如果不能辨明這些人性，無疑是讓自己時時處於危機之中，萬一遭受背後冷箭攻擊，小心賠了夫人又折兵。

PART 3

虛張聲勢，讓對手不敢造次

與人周旋、交談時，注意說話技巧與態度，展現出自信，可以有效提高自身壓迫威嚴感與說服力。

PART 4

亂拍馬屁，小心被踢

拍馬屁要有些技巧，沒有三兩下子可不能亂拍。拍錯了地方，不但話收不回來，人也會被馬踢得連翻幾個觔斗，可就出醜啦！

PART5

勢利，只會破壞自己的聲譽

能夠絲毫不帶勢利觀點對待窮親戚的人，就能夠在社會上真正長久受到尊重，才是長久有所作為的人。

PART 6

恰如其分地讚美別人

要恰到好處地讚美別人不是一件容易的事，但如果稱讚得體，就能博取對方歡心，快速拉近彼此之間的距離。

PART 7

做人圓融就能八面玲瓏

世上沒有搞不定的上司，差別只在於做人夠不夠高明圓融而已。一旦懂得應付之道，做起事情來絕對無往不利。

PART 8 懂得自保才能活得更好

想要保護自己不捲入紛爭，行動前一定要多加思考，特別是容易帶來負面影響的事情，更是要三思之後再做決定。

PART 9

懂得做人，更懂得用人

身為管理階層，不只要圓融做人，還要懂得用人之道。如此一來，才能真正做到輕輕鬆鬆、遊刃有餘。

輯 1

學會相處是成功的護身符

學會與其他人相處，打好人際關係，
可以成為護身符，保護一個人在激烈競爭
的險惡社會中平安生存，進而獲得成功。

學會相處是成功的護身符

學會與其他人相處，打好人際關係，可以成為護身符，保護一個人在激烈競爭的險惡社會中平安生存，進而獲得成功。

就人性心理學而言，人際關係正是一門洞悉人情世故並且靈活運用的學問。倘使你不懂得人情世故，或是認爲這些並不重要，那麼它們就很可能成爲讓你摔跟斗的絆腳石。

「唉，眞希望自己能多吸引一些朋友，成爲一個受歡迎，人人都樂於親近的人啊！」以上這句話，恐怕道盡了許多人的心聲。

有許多人因爲生來個性較乖僻或者不善言詞、反應遲緩，以致於成爲孤獨、落落不合的人。對此，他們可能忿忿不平，可能自怨自艾，卻不知道要結交朋友並不難，實現願望並非不可能，只要自己敢於突破藩籬，走出陰影。

不管當下的遭遇或眼前環境有多麼的不順利，多麼的惡劣，你仍然可以透過言行舉止，影響周遭所有的人，使他們不由自主地靠近。

懂得經營管理人際關係的人，不僅比較受人歡迎，更容易得到別人的扶助，成功的機會自然比較大。

光有「天時」、「地利」還不夠，更重要的是掌握「人和」。

想像自己是一塊磁石，能夠將所有人吸引到身旁，這絕對不是空想，只要能在日常生活中善待他人，表現出隨時爲別人著想的態度，就很有可能會實現。

如果希望別人對自己好，就要將心比心、推己及人，先用寬容大度的態度去對待與自己互動的所有人。

應該儘量去說別人的好話，儘量去看別人的好處，不要冷嘲熱諷、事事挑別。總是爲難別人的人，必定不可能受到支持與信任，還會被貼上「不值得信任」、「最好敬而遠之」的標籤。

輕視且嫉妒他人的人，心胸必定是狹隘、不健全的，因爲看不到別人的好處，即便面對著一個衆望所歸的人，仍要設法以種種不實言辭去詆毀對方。相反的，心胸若寬大健全，就能看出他人的好處，並給予眞誠讚揚，使自己與其他所有人都感到自在、快樂。

吸引朋友的最好方法，莫過於表現出自己對別人的關心與興趣。有許多人一生都不能吸引人，總是交不到朋友，就是因爲他們只顧著自己的事，只關心自己，奉行著「獨善其身」的理念，所以久而久之，便失掉了與外界的聯繫，處在社會的邊緣，只能冷眼看世界，完全無法融入。

有一個人緣極差的人，無論走到哪裡，總是不受歡迎，連他自己也搞不清楚原因，感到莫名其妙。每個與會者見到他，必定退避三舍，當別人縱聲談笑、其樂融融的時候，他只能一個人在旁邊乾瞪眼，不知如何是好。

事出必有因，狀況究竟是怎麼產生的呢？

從外在條件來看，這個人相當不錯，長得一表人才，能力很強，在職場上也相當受到上司賞識，升遷順暢。但問題就出在態度，他總是只想到自己。

若是一個人只爲自己打算，凡事斤斤計較，不肯吃虧，甚至連與其他人談話時，話題都要圍繞在自己身上，如此自私，怎麼可能會受到歡迎呢？

人際交往是「互相」的，若只有單方面付出，很難維持下去。一個只看得見自己的人必定交不到朋友，但只要稍微調整角度，對其他事情表現出興趣與關懷，氣氛與情勢就可能馬上變得不一樣。

無論人生最大目的是什麼，都要學會與其他人相處，打好人際關係，累積人脈存摺。這種態度將可以成爲護身符，保護一個人在激烈競爭的險惡社會中平安生存，進而獲得成功。

用尊重換取成功

要想維護他人的自尊心，首先必須先抑制自己的好勝心。越是想要出鋒頭，就越可能讓自己陷入險境，招致禍害。

單打獨鬥不適合這個社會，想要成功，很多時候必須倚仗其他人的力量。所以必須用心經營人際關係，多交朋友。

說起交友準則，有句古老諺語相當貼切，就是「嚴以律己、寬以待人」。嚴以律己，就是嚴格地約束自己，儘量減少差錯；寬以待人，便是以寬厚容讓、和氣大度的態度與人相處。

宋代文人蘇東坡年輕的時候，有一個朋友名叫章惇，後來當上了宰相，執掌大權。但他絲毫不念舊情，把持政局時，不僅先把蘇東坡發配嶺南，之後甚至貶至海南島。

後來，蘇東坡遇赦北歸，章惇則因為政爭失利而垮台，被放逐到嶺南的雷州半島。蘇東坡聽到這個消息，立刻寫了一封信給章惇，說道雷州地雖偏遠，好在沒有瘴氣，因此無須太難過，倒不妨多想想將來。

可想而知，蘇東坡如此大度的表現，自然令章惇羞愧不已。

人們常常說「無毒不丈夫」，但其實以「無度不丈夫」來形容會更好。

另外還有一點要注意的，就是與人相處時，不要傷害他人的自尊。

金錢損失雖然令人不快，卻還是可以設法再賺回來，可萬一自尊受到傷害，問題就嚴重了，甚至無法再彌補。也許最初並無惡意，但往往只由於一句話或一個不經意的舉動傷害到別人，不知不覺為自己樹立一個敵人。

中山國是戰國時代的小國，有一回，國君設宴款待國內名士，卻沒有準備足夠的羹湯，無法讓全場的人都喝到。司馬子期因為沒喝到羹湯懷恨在心，便為此投奔楚國，用計勸楚王攻打中山國。楚國相當強大，中山國自然不是對手，輕而易舉被攻破。國君狼狽地奔逃，卻驚訝地發現有兩名武士拿著武器一路保護他，他問這兩個人為何前來，他們答道：「我們的父親曾因您賜他食物而免於餓死，因此去世前特地叮囑，要竭盡全力來報答您。」

中山君感歎說：「賜予不在多少，而在他人是否需要；結怨不在深淺，在於是否傷了別人的心。我因一杯羹而亡國，卻又因一份食物得到兩位勇士。」

這則典故，清楚點出了自尊的重要。

現在的人，越來越強調個性，好勝心極強，常常非要把事情做「絕」，表現出自己的正確或勝利才罷手。如此，或許滿足了虛榮，卻免不了傷及感情。

其實在一些小事小節上，你大可讓朋友「贏」一把，維護友人的自尊，順便爲自己博得更多好感。要想維護他人的自尊心，首先必須先抑制自己的好勝心。

越是想要出鋒頭，就越可能讓自己陷入險境，招致禍害。

有一個人相當擅長下棋，因此打算找朋友對弈以聯絡感情。棋局開始，他一上手就是一輪猛攻，讓朋友瞻前顧不了後，十分狼狽且緊張。他還不以為滿足，故意露出破綻，引朋友進攻，他再緊接著使出殺手，還得意地大笑，直說對方太容易被騙。

此後，他每回再與這個朋友連絡，對方總擺出愛理不理的模樣。

本來應該是一場輕鬆、愉快的友誼賽，卻搞得緊張不堪，贏了棋卻失去了友誼，實在划不來。由此可見，人際往來要寬心待人，並抑制自己的好勝心。

沒有尊重就沒有友誼，經驗證明，只有在自尊自愛的基礎上才能誕生。

以自尊自愛爲基礎，自然也就懂得尊重自己以外的其他人，尤其在出現無可避免的意見分歧時。友情的眞正可貴之處，在於既能夠尊重對方，取得共識，也不傷害各自的獨創性。

交情淡如水，才見可貴

> 「君子之交淡如水」中的「淡」，代表的並不是無動於衷。而是一種相對平靜的心理態度和相對冷靜的現實行為。

生活中，你必定曾聽過或親身遭遇過這樣的故事：某人與某人交情極好，是可以同甘苦共患難的「哥兒們」，可是居然有一天爲了某件小事情而鬧翻，從此相互詆毀，反目成仇。

由此，古人總結出一條經驗——君子之交淡如水。

君子之交淡如水，正與酒肉朋友相反，因爲酒肉朋友的關係，是建立在金錢上的感官享樂。如此一旦財盡囊空，就會樹倒猢猻散，食盡鳥投林，彼此分道揚鑣。此外，在酒肉朋友的交往中，每個人必定都懷著各自的利害算計，揮金如土的東道主是爲了替自己留後路才大擺宴席，而被宴請的各路來賓則是滿腹貪念、欲壑難平，彼此之間沒有眞正的感情存在。

如果曾看過《紅樓夢》，必定還記得其中的代表性角色賈雨村。這個人一心只向著權和利，所以不僅對待解他於危難之際的甄士隱見死不救，當賈家勢敗財盡之日，他對幫助過自己的賈政、賈赦兄弟，同樣恩將仇報，投井下石。

酒肉與權勢的不可靠，早已在許多大師的名著中深切且淋漓盡致地表現出來，意在警醒後人。

中國古代留傳著許多與「知音」相關的動人故事，最典型當屬春秋時代的伯牙與鍾子期。相傳在春秋時代，有一個善彈琴的人名叫伯牙，終日彈琴，卻無人賞識，直到有一日巧遇鍾子期，竟能把他蘊含在樂音裡的情感完全說出來。後來鍾子期因病而死，伯牙聞訊，摔掉自己最珍愛的琴，從此不再鼓琴。這段高山流水遇知音的佳話，一直被後人推崇嚮往。

伯牙、子期不過一面之緣，以琴相知，論交情，其實可以用「淡」來形容，卻成爲千古佳話，最重要原因就在於「知音」之情。

史學家司馬遷在《報任安書》中寫道：「士為知己者死，女為悅己者容。」爲什麼人會如此重視並竭力追求友情、知己呢？

原因來自許多方面，其一就是基於心理需求。個體相較於整個社會，總是相對的軟弱、無力、孤獨，因此就需要外界的援助，高興時與他人分享快樂，痛苦時則期望有人分擔憂愁。

其二是社會學方面的原因。一個人從呱呱落地開始，就要與他人發生各種各樣的關係，先是父母、兄弟姐妹，後是師長、朋友。父母弟兄是由血緣決定的，無法改變、無法選擇，而朋友則不然。選擇朋友，可能性格與自己正好相合或是相反，以達到協調或互補的理想。

作爲一般人，如何能夠像伯牙、子期那樣，遇到自己的理想知己？這就需要

努力培養氣質與修養，因爲現實生活中畢竟難以遇到完全和自己契合的人，雙方必須能夠包容、寬宏大度，從異中求同。

保持一定距離是必要的，無論是夫妻或朋友。兩個人若是過分親密，不分你我，就會暴露出許多不理想、不融洽的性格、氣質，導致危機。保持「若即若離」的態勢，可以有效避免不必要摩擦的產生。

「君子之交淡如水」中的「淡」，代表的並不是無動於衷、心不在焉或逢場作戲，而是一種相對平靜的心理態度和相對冷靜的現實行爲。友誼並非不可接觸到金錢或酒肉，但建立在金錢或酒肉上的感情絕對不可靠。

由於社會互動越趨緊密，現代人的交往，既注重心靈的呼應，氣質稟賦的相投，同時也不排斥經濟上的分享與互助。

但這種情況下，更要切記自己與他人都是不同的個體，必須維持心靈的獨立性，並保持寬厚、大度、淡泊的交際態度與心境。如此，才能愉快徜徉在人生的大舞台，不至於演出悲劇或鬧劇來。

審慎選擇朋友，受用無窮

真正的朋友就該像從數萬首唐詩中精選出來的「三百首」，讓人百看不厭，每讀一次就又有一些新的收穫。

做人做事一定要掌握人情世故，才能提昇自己的競爭力。想在人性戰場上勝出，想要左右別人的決定，如何和對方互動絕對是必須具備的智慧。你必須用心了解誰才是值得你用心交往的對象，然後讓彼此的關係更緊密。

結交朋友，可以不拘一格，甚至彈性地做一些不同區分，但不可否認的，「朋友」畢竟象徵了一種特定的關係，具有一定的內涵和意義，因此不可能隨便就把一個陌生人稱之爲朋友。

說到交友，應該遵循以下四大準則：

• 不僅僅是「人以群分」

常言道「物以類聚，人以群分」，確實，根據心理學家的研究，「物以類聚」確實是人之本性。也就是說，交情很好的朋友可能有某種興趣、愛好相同，或性格、氣質相投，又或者懷著相似志向，相近的待人接物態度。總之，必然具備某種共同點，才容易成爲朋友。

和那些有相似之處的人成爲朋友的可能性雖然高，但爲了開闊視野、挖掘對新事物的興趣，與和自己氣質、經歷、趣味都恰恰相反的人交朋友也不是壞事，更能加深自己對某些事物的認識。

不受「物以類聚，人以群分」的限制，可以大大擴展選擇朋友的範圍，對自己絕對有利。

• 在互動中累積情誼

有的人因爲朋友少，沒有人可溝通交流而感到孤獨，或者感到自卑，深怕被誤解爲難以接近的人。也有一些人，把朋友當成一種多多益善、可供炫耀的「資本」。

出於上述目的，總有人殫精竭慮地設法結交「朋友」，但這種做法實際上是對友誼的褻瀆。正確的交友觀，應當是在交往互動中，一點一滴建立起關係。只有透過不斷的交往，才能讓彼此深入瞭解，取得互相信任，透過逐漸地相識相知，隨時間推移，自然水到渠成。

宋代文人蘇軾在《亡妻王氏墓誌銘》中曾寫道：「其與人銳，其去人必速。」意思是說，與人相交，一開始就表現得十分殷勤的人，與人疏遠的速度必定也極快。

這句話相當有道理，值得我們謹記在心。

• 朋友在「精」不在「多」

每個人的一生中，遇上可能成爲朋友的人選其實很多，其中有些確實會成爲朋友，有些則失之交臂；有的是「貨眞價實」，有的則不過「濫竽充數」。出現這種局面的主要原因，正是在交友過程中忽略了「精選」這一個環節，不是被動地接受，來者不拒，多多益善，就是主動出擊，不分良莠一概搜羅。但事實上這兩種態度都不正確，背離了交友的眞正意義。

交友的策略之一，就是要懂得「精選」，選擇那些眞誠寬厚、知識博淵的人，以求在各自的事業上互相幫助，共同精進提高。同時，「篩」掉那些懷著某種功利目的，只想求取權勢或利益的人。

交友在「精」不在「多」，眞正的朋友就該像從數萬首唐詩中精選出來的「三百首」，讓人百看不厭，每讀一次就又有一些新的收穫。

• 及時「催化」或「降溫」

在與人交往過程中，常常會遇到這種情況：對有些人雖然是第一次見面，卻一見如故，大有相見恨晚之感；對某些朋友，雖然交往時日不短，卻慢慢發現此人不宜過於深交，逐漸想要疏遠。

該如何處理這種局面呢？

這時候，就必須運用「催化」或「降溫」辦法，以改變雙邊關係。

「催化」以及「降溫」，都是在交友過程中經常運用的策略。對相見恨晚之人，不妨主動與之接近，尋找各種機會聊天，一起活動，加深對彼此的瞭解、信任，增進友誼。

相反的，一旦發現原來的朋友可能是勢利小人，或斤斤計較之輩，甚至與自己結交只是出於某種功利目的，可是直接斷交又不太妥當，就該選擇逐步「降溫」，一點一點不著痕跡地疏遠。

建立正確習慣，交友無負擔

真要建立圓滿、有意義、有益處的人際關係，就不能只專注在自己的利益上，更不能讓對方覺得你是個見利忘義的人。

交到好朋友，一生受用無窮，若是交友不慎，則遺害深遠。切記秉持守則，對自己的交友狀況嚴格審核、把關。

前面提到，選擇朋友有四個原則，更進一步來說，在和朋友交往的態度上，則應該秉持五條準則。

- **沒有負擔地交往**

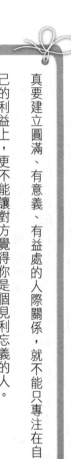

「我是一個窮學生，所以多半都讓別人請我吃飯。」

「我都住在朋友家，因爲離學校比較近，反正他的房子空間很大。」

一旦說這樣的話成爲習慣，不假任何思索，就要當心了，因爲那代表著逐漸成爲對方的負擔，自身卻渾然無所覺，是一件相當糟糕的事情。

朋友之間的交往應該根基於平等互利原則，如果不留心超越了這條界線，就該自覺並向對方致歉。要記住，什麼事情都是互相的，單方面掠奪或者付出，關係必定不能健全、長久。

●不能過於依賴朋友

生活上、工作上、感情上遭遇煩惱的時候，你會先找誰談談心裡話呢？相信對很多人來說，比起父母、兄弟，會更期望找自己的親密朋友傾訴。

確實，朋友往往可以眞正理解自己的痛苦，並給予建議和安慰，但別忘了他們也是人，也有煩惱與負擔，甚至是經濟上的困難。當自己苦惱的時候，向朋友說說心裡話，聽聽對方的意見，確實是件好事，但最後得出結論並執行的一定是自己。不要讓朋友肩負過多的負擔，如果抱持著「因爲是朋友，應該給我幫助」的觀念，那就實在過分了。

●不要有金錢的借貸關係

作爲朋友，當對方遇上困難，幫他一把是理所當然，但若和金錢有所牽扯，最好別衝動下決定，好好考慮爲妙。

爲什麼呢？原因很簡單，金錢是一種很「危險」的東西，容易蒙蔽人的理智，使態度行爲改變。

社會上不乏因爲金錢糾紛導致好朋友反目成仇的例子，相信你一定曾經聽過，甚至耳熟能詳，不感陌生。如果想要穩固經營與朋友的關係，就最好不要有任何金錢往來，以免最後產生始料未及的糾紛。

若眞的無法避免金錢上的借貸，則一定要清楚寫下字據，記錄金額與歸還時間，訴諸白紙黑字並切實履行。

•優先考慮朋友的立場

如果一夥人正在一起談論一件大家都很關心的事，卻突然有人插話，自顧自地講起個人私事，如此非但無法引起關心，必定還將招致反感。

例如，有一群平日感情甚篤的好朋友，時常相約聚餐，大家都在圖書出版領域工作，其中包括有出版社的美術編輯、文字編輯，負責批發書籍的經銷人員，還有專職寫稿的作者。

一回，正當大家天南地北聊得開心的時候，那在經銷公司工作的人突然說：「可不可以換個話題？談談大家接下來的出版計劃吧！」

當時的氣氛實在不適合提出這樣的請求，現場馬上安靜下來，所有人都陷入尷尬的沉默，原先在說話的人全都閉上嘴，傾聽的人也一臉不知所措。

好端端的一場聚會，就在令人難過的氣氛之下匆匆結束。

人際關係需要靠互諒來維護，若是只執著自己的立場，必定會破壞彼此的交往。與朋友交往的時候，應該多替他人著想，配合氣氛及場合調整自己的應對，才不至於掃了大家的興致。

交朋友是一件有益的事，但若眞要建立圓滿、有意義、有益處的人際關係，就不能只專注在自己的利益上，更不能讓對方覺得你是個見利忘義的人。

●少敲朋友的竹槓

有一個人，只要碰上朋友相約聚會，一定搶先帶領大家到處吃吃喝喝，但卻從來沒有付過一毛錢。

朋友們都以爲他必定是收入不固定，手頭不方便，因此總睜一隻眼、閉一隻眼，不予計較。直到有一回，大家無意之間提起了收入的話題，很意外地發現他雖然收入不固定，但仍比一般上班族要寬裕許多。

當場，所有人都目瞪口呆地說不出話來，雖然沒有表示什麼，也沒有要求討回付出的錢，但心下全都暗嘆自己識人不清。

偶爾讓朋友請客本來不是什麼大不了的事，但至少應該做到禮尚往來，不要把別人的好意看成理所當然，不要使敲竹槓變成習慣。

適度坦白讓你更討人喜愛

坦白說出自己的負面情緒或私事，可以讓聆聽者感覺被信賴，自然也會同樣的信賴你。

大學剛開學，一群久未見面的年輕人聚集在教室裡聊天，其中一個女學生對鄰坐的朋友說：「我跟男朋友分手了。」

她的朋友一聽，瞪大了眼睛問：「爲什麼呢？有什麼問題嗎？」

這個女生搖搖頭回答道：「他不夠坦白。」

看到這裡，是否會有所疑惑？難道單單「不夠坦白」四個簡單的字，就足以成爲感情的殺手？

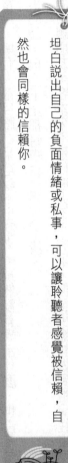

是的，答案是肯定的，千萬別輕忽了「坦白」兩個字的重要性，無論面對的是友情、愛情，或者其他的人際互動關係。

不坦白，就表示不夠眞誠，別人只覺得霧裡看花，看不清眞實的狀況，不了解你的個性和想法，自然不敢輕易託付感情。不僅戀愛中的男女如此，一般人交朋友，也總是希望可以「交心」。

然而，換個角度來看，又會產生不同的問題。坦白眞的是好事嗎？將一切都一五一十說分明，會不會反而遭到有心人利用，傷害自己呢？

必須謹記一個道理：任何事情都有正反面，端看自己如何解釋、如何運用，以及如何保護自己。

很多人在交朋友的時候，願意「坦白」自己的私事，是爲了使雙方的感情獲得平衡，進一步鞏固彼此的關係。

這樣的例子可說屢見不鮮，無論在學校或職場。兩個同班同學，原本交情不是很深，某天，其中一人忽然對另一人說出自己家中遭遇的不幸，彼此因爲有了共同的秘密，很快成了親密好友。

一位平日相當難以親近的主管，忽然有一天向某位同事傾訴心中的不愉快，使得原來對他敬而遠之的同事從此一改態度，表現得親切貼心，和他成爲朋友。

坦白說出自己的負面情緒或私事，可以更容易找到感情的平衡，讓聆聽者感覺被信賴，自然也會同樣信賴你。

當然，這種坦白並不是百無禁忌，請一定要先確定對方是個可靠誠懇的人，否則一番告白非但收不到效果，甚至可能不用一天時間就傳遍天下。

人與人的想法、價值觀難免不同，容易造成彼此之間的差異和距離。這種時候，如果能將自己的資訊灌輸到對方的腦中，使得雙方的認知達到平衡狀態，那麼溝通就會變得容易，讓感情自然而然產生互動交流。

選對最省力的切入點

趨炎附勢總不是一件好事，一味地向當權當紅的人靠攏，只會大大地傷害自我人格，壓抑良知。

在社會上打滾，總難免會遇上許多勢利的人。

如果今天你是某公司的主管，前途一片大好，必定有一群趨炎附勢者圍在身邊。明天，若是遭到什麼變故丟了工作，走在街上碰見過往跟在前跟的人，他們必定看都不看你，因爲你已經不具備可利用價值。或許你會對此感到生氣，但卻無濟於事，因爲現實世界便是如此。

一般人求神問卜總是要到香火最鼎盛的廟宇去，原本冷清的寺廟就更加無人問津，無論所供奉的神靈是否也神通廣大。想想，這不也是一種相當有趣的現象，和以上的例子有異曲同工之妙。

趨炎附勢總不是一件好事，一味地向當權當紅的人靠攏，只會大大地傷害自我人格。與其擠在大群信眾中盲目地向神明進供，倒不如考慮關注一下那些不被重視的冷廟，說不定可以得到更多庇佑。

冷廟的神靈平時備受冷落，這時候適時進供的一炷香必定會讓祂們心存感激，大顯神通保佑你。或許，有那麼一天，冷廟變成了「熱廟」，神明們心中必定還是不會輕易忘了你。

成功的方式有很多，條條大路通羅馬，雖然難易、風景、距離各有不同，卻都是可以被信賴的方式。所以，想要當一個成功的人，不想只是在社會載浮載沉，就應該培養智慧，自己拿出更靈活的頭腦與眼光，在遭遇問題時，從與眾不同的角度下手，成功自然手到擒來。

有心，忘年也可以有好交情

水若是太清，連一點雜質微生物都沒有，魚也就不來了；人若是太挑剔，過分苛求，別人也就不敢接近了。

交朋友，追求的是志同道合，如果彼此之間毫無共同語言，也不存在著共同目標，那根本不可能產生共鳴，自然也成不了好朋友，所謂「道不同，不相爲謀」，說的正是這個道理。

任何生命，都有屬於自己的獨特特徵，身爲萬物之靈的人當然也不例外。若能在某些獨特的地方呼應，產生同樣的情感與意向，就可能成爲知己，而不論原本的身分或條件相差有多麼遠。

東漢末年的一對好朋友孔融和禰衡，年齡相差三十歲，世稱「忘年之交」；三國時東吳的少年都督周瑜，和老將程普、黃蓋之間也有很深厚交情。

性格不同，照樣可以成爲好朋友。就以中國古代名人爲例，宋江和李逵、劉備和張飛這樣的組合不勝枚舉。這種朋友組合中，一個談吐文雅、彬彬有禮，一個舉止粗野、形跡不拘；一個胸有城府、老成持重，一個頭腦簡單、莽撞豪爽；一個滿腹經綸、知書識禮，一個赳赳武夫、胸無點墨。然而，他們卻都是金蘭相結、生死相交、情同手足、患難與共的好朋友。

德國近代有兩位知名的詩人，歌德和席勒，多年相處在一起，興趣相同，朝夕伴讀，互相切磋，互相影響，留下許多共同合作寫成的詩句。

年齡、閱歷和經驗都屬於文化、修養、智慧的累積，同時也是一種蘊含了人生哲理的「活學問」，而忘年之交的益處，就在於年少者可以請教於年長者，豐富自己的知識，開闊自己的眼界。

換個角度來說，年長者也需要和年輕人相處、交流，幫助自己不和社會時代脫節，吸取更多的新觀念。

中國有句古話說得相當好：「水至清則無魚，人至察則無徒。」意思是說，水若是太清，連一點雜質微生物都沒有，魚也就不來了；人若是太挑剔，過分苛求，別人也就不敢接近了。

西方同樣有句諺語：「誰要求沒有缺點的朋友，誰就沒有朋友。」交一個朋友就等同讀一本書，所以若能交到一個人品、德才、學識都更優於自己的朋友，有說不清的好處。

交友全在一心，年齡上的差異，或者身分、經濟條件上的差異，都不能構成阻止人與人之間交往的條件。

與其單打獨鬥，不如結合盟友

單打獨鬥闖天下是過時的做法，應當互助合作，結合成利益共同體，才能以最小的產出換取最大的回報。

掩飾自己的眞正想法，只保持表面的一團和氣，這樣的合作關係對雙方來說都是有害無益。在一定共識下維護共同的利益，才能相互信賴、長久發展。

單打獨鬥的時代已經過去了，現在的商業競爭傾向於團體合作，建立利益共同體。但關係對象的選擇必須審慎，並不是說只要找到合適的合作夥伴就可以，過程之中，還有許多問題應當注意。

首先，既然成了合作夥伴，彼此之間就要保持平等的合作關係，以及民主協商的管理方式，不論自身在共同體系中所佔位置有多重要，都不能以老大自居，以免破壞感情，進而會影響整體合作關係的維繫和利益。

結盟企業之間若有任何建議或意見，都應該在民主平等的情況下進行積極交流，透過積極鼓舞，使所有成員各盡其力。

當然，民主之外，還是必須有一個核心領導者，否則必定造成群龍無首的局面，使共同體失去應有的凝聚力，分崩離析，名存實亡。

其次，既然身處利益共同體中，自然應秉持「有福同享、有難同當」精神，切不可過分自私，爲一己之利而置群體利益於不顧。

一九九〇年代初期，中國大陸東北的免洗筷工廠幾乎佔領了絕大部分的日本市場，但價錢卻始終被日方壓得很低。為了保護自己，爭取應得利益，所有工廠決定聯合起來與日本談判。

這本是件好事，成功可能性也相當大。眼看著日方就要接受條件，卻沒料到局面忽然產生大逆轉——有一家工廠竟為了一己之利，私下與日本方面交涉，願意把價格降得更低。結果是可以想見的，談判草草收場，價格再度遭到打壓，甚至造成好幾家工廠就此倒閉。

不可否認，在商場上「有福同享」容易，「有難同當」較難。但既然決定以團隊方式作戰，就一定要肩負起責任，彼此分享利益，共同抵禦風險。

那麼，要如何凝聚向心力呢？

這並不是一件容易的事情，一方面要倚靠領導者的協調能力，另一方面則看所有人是否懷抱同樣強烈的信念與堅持。

單打獨鬥闖天下是過時的做法，想要適應這個瞬息萬變的社會，應當互助合作，結合成利益共同體，才能以最小的產出換取最大的回報。

大事化小，小事儘量打消

化解爭執不代表放棄原則，而是用更成熟的態度應對，用最大誠意去解決所有遭遇到的不快。

法國哲學家盧梭曾寫道：「對別人表示關心和善意，比任何禮物都有效，比任何禮物對別人還要有更大的利益。」

確實，想要擁有絕佳的人際關係，就要適時關懷別人、釋出善意，這也是讓別人備感窩心的高明交際手腕。不尊重別人感受與立場的人，不管擁有如何高深的學識和地位，最終只會引起別人討厭與嫌惡，很難達到自己的目的。

一八五五年，列夫．托爾斯泰在聖彼得堡認識了屠格涅夫，兩人意氣相投，很快成為了好朋友。

一八六一年，屠格涅夫的《父與子》正式完稿，邀請托爾斯泰蒞臨鑑賞。但午餐過後，托爾斯泰因為午休，無法鑑賞稿子，醒來之後發現屠格涅夫已經逕自出門。

次日，兩人到費特家做客。席中，屠格涅夫稱讚女兒的家庭教師教女兒為窮人著想，為慈善事業捐款，不料托爾斯泰頗不以為然，竟帶著諷刺的口吻說：「我沒想過一位穿著華貴的小姐，膝上放著窮人破爛的衣服，表演一幕不真實的舞台劇，也可以得到讚賞。」

屠格涅夫一聽，登時怒不可遏，大聲咆哮：「這麼說，我把女兒教壞了？」托爾斯泰自然也不甘示弱，繼續回敬，兩人不僅吵得面紅耳赤，後來甚至大打出手，從此斷絕往來達十多年。

一八七八年，托爾斯泰在內疚且不安的情況下，決定採取主動，寫信向屠格涅夫致歉，信中說道：「我對您沒有任何敵意，但願您也是這樣。我知道您是善良的，請原諒我的一切。」

屠格涅夫收信之後立即回信：「收到您的來信，我深受感動，我對您沒有敵意，只剩下深深的懷念。」

兩人好不容易總算重修舊好，但事隔不久，關係又險些出現危機。好在不經一事不長一智，這一回，他們至少知道該如何正確化解。

事情經過是這樣的：這一年，在托爾斯泰的熱情邀請下，屠格涅夫前往對方的波良納莊園作客。在打獵途中，屠格涅夫發現一隻山鷸，立刻瞄準並開了一槍，接著大喊：「打中了！快點讓狗去撿！」

狗回來了，卻一無所獲。「說不定只是受傷而已，沒有直接命中。」托爾斯泰說：「如果打死了，狗不可能找不到。」

「不對，我看得清清楚楚，肯定是死了。」

雖不至於吵架，但兩人心理都不太舒服。當天晚上，托爾斯泰命兒子再去仔細搜索，總算把事情弄清楚，山鷸的確被打中，但卡在樹枝上。

人與人的相處總難免摩擦，這時如何做到大事化小、小事化無，就是對智慧的最好考驗。化解爭執不代表放棄原則，而是用更成熟的態度應對。冤家宜解不宜結，想要靈活處世、左右逢源，就應該用最大的誠意去解決所有遭遇到的不快。

輯 2

識人不明，小心賠了夫人又折兵

貪婪是人性，好利也是人性，
如果不能辨明這些人性，
無疑是讓自己時時處於危機之中，
萬一遭受背後冷箭攻擊，小心賠了夫人又折兵。

得罪小人，後患無窮

小人是會記恨的，小人是會報仇的；得罪了小人，可說後患無窮，因為小人總是躲在暗處讓你防不勝防。

人與人之間的摩擦在所難免，爲了各自的利益發生爭執，也是不難理解的事。成熟的人，能夠靈活處世、就事論事，對事不對人，一旦理論出了結果，不管是贏是輸，都不會懷恨在心。

但是，如果對手是個心胸狹隘的小人，就要小心了。眼前雖然爭得了一時的勝利，卻可能造成無窮後患。

所謂的小人，是指品格低下、手段卑劣之輩，他們特別會爲維護自己的利益而不擇手段，一旦吃了虧，鐵定非找機會討回來不可。以正人君子自居的人士，對於這樣的人總是特別厭惡，又爲了保持風度，總是不願和他們一般計較。

然而，一旦君子和小人發生了衝突，最後敗下陣來的多半是君子，嚴重的更可能被小人逼入絕境之中。

盛唐大詩人李白由於詩人性格所然，不但對於一些小事完全不拘泥，一旦喝起酒來更是狂放不羈，天皇老子來了也不管。可是這樣的性格也讓他在無形中樹立了不少的敵人，其中一個就是高力士。

據說，才情洋溢的李白曾經因為文名，受邀至皇宮參加晚宴，在酒酣耳熱之際，皇帝要他作詩，他也一時詩情大發，短短時間連作三首《清平樂》，令在場所有人士佩服不已。

李白在作詩時，曾要求楊貴妃親自磨墨，還命宦官高力士為他脫靴，氣勢雖然狂妄，但是皇帝愛他文采，也就不以為意，在場人士更沒人敢有意見。

在這樣的情勢之下，高力士再怎麼不甘願，也得硬著頭皮在眾目睽睽之下蹲下身來替李白脫靴。

掛不住面子且深以為恥的高力士懷恨在心，想盡了辦法要找機會復仇。

李白以頌讚楊貴妃的美貌儀態為意旨的三首清平樂，由於寫得極具意境，更強調楊貴妃的花容月貌，因此很受楊貴妃喜愛，經常拿出來吟唱唸誦。

有一天，楊貴妃吟誦這首詩，高力士聽見了，故作不經意地說：「我還以為您會因為這首詩對李白恨之入骨呢！想不到您竟還這麼高興的吟誦。」

楊貴妃不解高力士的話意，便要他說出原由。

只見高力士意有所指地說：「我說他是在嘲諷您呢！您看，他在詩裡將您比做趙飛燕，您想想那趙飛燕是什麼樣的女人？莫非他是在暗指您和趙飛燕一樣淫賤，未來會敗壞國事嗎？」

經過高力士的刻意曲解、移花接木以後，原本清麗讚美的詞句，轉眼間全都成了惡意譏諷的證據。

這下子引起楊貴妃大怒，連帶地也對李白感到反感和憎恨，又回想起宴上作詩的情景，一個小小的翰林竟敢要求貴妃磨墨，當真是囂張過頭了。

於是，楊貴妃幾次在唐玄宗有意提拔李白的時機，都暗中出言阻止，目的就是要讓李白升不了官，最好被放逐得越遠越好。

就這樣，高力士只用了一句話就斷送了李白的前途。雖然高力士的才氣、才情、才幹都遠遠不如李白，但是他卻能使出陰毒計謀，讓李白的長才毫無用武之地，從此與官途絕緣。

小人是不會瞻前顧後的，小人是不會在乎兩敗俱傷的，小人是不會輕易罷休的，小人是會記恨的，小人是會報仇的。得罪了小人，可說後患無窮，因爲小人總是躲在暗處讓你防不勝防。

小心在你身後搞詭的人

凡事抱持著一定的危機意識，為自己做好安全準備，就能以不變應萬變，徹底防範那些想在你身後搞詭的人。

越是成就突出的人，就越容易遭人妒忌，正所謂「鶴立雞群」、「樹大招風」，站在顯眼處的人，很容易被暗箭所傷，要特別提防被人扯後腿。

如果你已經成爲小人眼中的攻擊對象，以下有五種技巧可以幫助你保住地位、改變處境，以防禦小人的侵害。

• 收集證據

如果你的失敗是因爲他人在暗地裡搗鬼的緣故，一旦查明眞相之後，應該盡快將事實抖露出來。比方說投訴相關人員，表示是因爲某人「丟失」了你應該得到的通知或備忘錄，或者故意不提供你有關的資訊，才會造成你的作業失誤，以此盡快澄清自己的清白。

你最好能將自己的工作詳細記錄，包括接到工作任務、備忘錄的時間，以及沒能及時接收的佈達資訊或行動措施等，然後將所有的情況彙報給上司。一旦證據確鑿，領導者當然會明白誰才是眞正應該受到指責的人。

・正視給你製造麻煩的人

忍氣吞聲並不一定能夠解決問題，有時候，你必須正視你的敵人，給予他們當面的警告，顯示你對這件事的重視程度。

如果有人故意從你桌上取走檔案，導致你的工作延誤，面對「兇手」狡辯之時，你大可以理直氣壯對他說：「當然，你會說你沒有這麼做，但是你我都知道這裡到底發生了什麼事。」

對方或許會推卸責任，也或許會栽贓他人，或許只是一聲不吭地站在那兒。如果對方保持沈默，你則可以繼續說：「我想這些檔案再也不會丟了，這種情況應該也不會再發生了，你說是不是？」

如此，可以讓對方知道，你很清楚他們的作爲，雖然這次不予計較，但下次就不會善罷干休了，期望下不爲例。如果你假裝不知道、當做沒發生，對方反而會誤以爲你感到害怕，那麼這些困擾你的事將會層出不窮。

• 對自己所做的事心中有數

當某人試圖貶低、否定你的成績時，不用立刻在口頭上爭回面子。這時候，你必須對你自己一清二楚，最好還有書面資料佐證，這樣才是最有力的自我保護方式。

將你所做的一切都記錄下來，不管是書面的還是口頭的。例如，如果你提高十五%的銷售額，你就可以這麼說：「去年我給公司帶來了……利潤。」讓上司清楚知道你的成就與績效。

事實就是事實，當你做出了確實的成績，也有確實的證據可以佐證，任他人怎麼樣也無法否認和貶低。

・公開自己的目標

有些人很喜歡被特別看待，甚至為了得到特別待遇而費盡心機。這種人的目的其實很簡單，希望你能夠看到他的成果，希望領導者對他的表現感到滿意。如果這樣的人名實相符，透過真正的實力獲得良好的成績，那麼讚揚他也是理所當然的事。但是如果只為了汲汲於名利而將別人的功勞往自己身上攬，就會欺壓到別人的權益，如果領導者不能明辨是非，勢必會引起其他人的不滿。

為了應付這種情況，領導者可以將所有的計劃與預訂目標全都明文公佈，對於員工的表現也同樣確實記錄，如此一來誰有功、誰有過就一目瞭然了。

有了白紙黑字的記錄，在公正、公開的情況下，主管就不用為了該如何賞、如何罰而傷腦筋了。

•明辨誰是可以信任的

有句話說：「人心如面，各不相同。」即使兩個人再親近、再熟悉，也很難確定自己一定完全明瞭對方的想法。

在職場上，輕易善信他人的人，往往特別容易受到傷害。因此，在你還未能信賴對方之前，不要肆意談論自己的計劃或想法，否則一旦別人從談話中竊走你的想法，可就得不償失了。此外，與他人結盟合作，剛開始也無須談論過度細節的內容，並且慎選場所，以免遭受無謂的損失。

待人處事，其實沒有什麼了不起之處，最重要的是學會了解對方是怎麼樣的人、會有什麼樣的想法。

在職場中，彼此競爭在所難免，不用防人到底，也不要輕信於人；凡事抱持著一定的危機意識，多爲自己做好安全準備，就能以不變應萬變，徹底防範那些想在你身後搞詭的小人。

遇人挑釁，以其人之道還治其身

面對惡意挑釁的人，也不用小心眼、小肚腸地和他們一般見識，只要把他們的問題再丟回他們身上去，以其人之道還治其身。

生活上難免會碰到一些不識趣的人，不是存心找碴，就是不長大腦，連對方已經被惹毛了還不知道。遇到有人找麻煩，雖然心煩，但是如果沉不住氣和對方嗆上了，爭得臉紅脖子粗、吵得不可開交，其實並不能得到什麼好處，只是徒增自己更多的不愉快罷了。

所以，碰到像這樣的人，最好的方法，就是以其人之道還治其身。把問題和粗魯的言行丟還給對方，讓對方自己去感受，讓對方自己去想辦法。

不懂得以禮待人的人，也必然得不到別人的尊重。生活上的一言一行都應該要注意，要想得到別人的重視和喜愛，就得先審視自己是如何對待別人。

出身貧寒的世界知名大作家安徒生，即使後來成名了，也還是維持儉樸的生活習慣，不喜歡奢侈浪費。

有一天，他戴著破舊的帽子走在街上，一個路人見了竟然大聲嘲笑：「笑死人了，瞧瞧你頭上頂著個什麼東西？那也能算是帽子嗎？」

只見安徒生不慌不忙地應了一句：「就不知你帽子底下的又是個什麼東西？那能算是顆腦袋嗎？」

無獨有偶的，俄羅斯知名的兒童文學作家葛達爾，也遇到了同樣的遭遇。

那一天，他提了行李箱準備出門旅行，鄰居忍不住上前問他：「像你這樣大名鼎鼎的作家，為什麼會提這種看起來邋邋遢遢、破破爛爛的行李箱出門呢？」

葛達爾倒是沒有動怒，簡單地回答說：「這有什麼好奇怪？如果我的皮箱大名鼎鼎，而我卻邋邋遢遢，那才糟糕呢！」說完，微微舉了舉帽沿算是致意，就不再理會鄰居，提著皮箱離開了。

外表和裝扮雖然能夠爲自己的形象加分，但是只注重表象卻不重視內涵，更會讓自己變成金玉其外的草包。有些人只看外表，看不起衣著簡樸的人，嫌人窮酸，卻沒發現自己的苛薄臉容反被人看不起。

事實上，外表的裝扮不過是包裹住我們身體的外殼和面具，並不屬於肉體的任何一個部分，當然更和心靈內在沒有什麼關係。

所以，一個在心靈上、頭腦裡眞正富有的人，不會爲了自己的外表而感到困擾，也不會任意以外在條件去評斷他人。

只有誠懇的態度和能夠站在對方立場設想的寬大胸懷，才能夠敲開彼此之間溝通的大門，讓雙方接受，得到認同。面對惡意挑釁的人，也不用小心眼、小肚腸地和他們一般見識，只要把他們的問題再丟回他們身上去，以其人之道還治其身，讓對方醜態自露，更能夠突顯自己的泱泱大度。

識人不明，小心賠了夫人又折兵

貪婪是人性，好利也是人性，如果不能辨明這些人性，無疑是讓自己時時處於危機之中，萬一遭受背後冷箭攻擊，小心賠了夫人又折兵。

要做大事的人，特別要有一雙精明的眼睛，要能看清楚局勢，要能看清楚時機，最重要的還是要能看出好的人才。

識人不明的危險，清朝光緒皇帝恐怕比誰都還要來得清楚，在維新變法的過程，他就是太過於信賴袁世凱，到最後發現袁世凱倒戈背叛之時，一切已經來不及了，變法新政全都因此一敗塗地。

由於慈禧太后專擅朝政，漸懂事理的光緒皇帝決定要想辦法奪回政權，讓自己成為一個名副其實的皇帝，而不是一具空著皇袍的傀儡。在康有為的獻策之下，光緒皇帝下詔變法，決心徹底革除老舊勢力。同一時間，慈禧太后所掌控的一派人士也開始預謀政變。

以光緒為首的革新派和以慈禧為首的守舊派，各自開始積極吸納勢力，並彼此激烈角逐。等到新法一公佈，條條朝著守舊派而來，而一些原本騎牆的人士因為發現新法將會剝奪到自己的利益，也紛紛轉投守舊派的麾下。就這樣，支持慈禧的人越來越多，反觀光緒身邊的人則越來越少。

這時候，為防握有軍權的守舊派勢力造反，康有為等人於是密會握有部分兵權的袁世凱，探詢他的政治傾向。結果袁世凱拍胸脯保證自己一定站在光緒這邊，康有為和譚嗣同聽了信以為真，一起向光緒全力保薦，而且認為革新派和守舊派勢鈞力敵，萬一真的發生政變，也不一定誰贏誰輸。

於是，光緒密詔袁世凱入京，打算先發制人。

萬萬想不到，袁世凱回到天津，竟然將光緒的計劃向慈禧太后的心腹榮祿告密，結果慈禧太后反而先下一著，將光緒軟禁在瀛台，嚴懲康有為、處決譚嗣同，革新派主力一一瓦解，新法變革胎死腹中，維新不過百日即宣告結束。

就這樣，光緒皇帝的一生毀在了袁世凱這個小人身上。

光緒皇帝最大的失敗，就是不能辨清袁世凱到底是一個什麼樣的人，在還沒有完全了解袁世凱的忠誠度之前，就輕易地交出信任，等於把自己交到對方手上。沒想到袁世凱是個重利益勝過重道德的人，想權勢勝過想義理的人，不在乎陣前倒戈所留下的惡名，只知道識時務者爲俊傑，只要自己能夠得利就好。

換句話說，袁世凱比起光緒更有一雙好眼睛，看得出什麼樣的局勢對自己有利，懂得爲自己找到最有利的出路。

貪婪是人性，好利也是人性，如果不能辨明這些人性，無疑是讓自己時時處於危機之中。要是還以爲自己無後顧之憂，一路前衝時萬一遭受背後冷箭攻擊，小心賠了夫人又折兵，一切可就悔不當初了。

除去一個惡人，就是做一件好事

挖「小人」的牆角，不僅可以在競爭中掌握住主動的優勢，更可以為其他人掃清障礙，使正直的人能有更多的出頭機會。

雖然說萬事以和爲貴，凡事別太和人計較，但是對方若眞是欺壓上了門，可也不能呆呆站著任人欺負、任人打。必要的時候，該站起身來勇敢反擊。

小人就像蟑螂一樣的害蟲，既討人厭又會帶來危害，最厲害的是生命力驚人，如果不及早解決，最後一定會造成更大的麻煩。

對付君子和對付小人，方法截然不同。對付君子，你大可點到爲止，有時候替對方留一些情面，反而會得到更好的效果；反過來對付小人的時候，可就不能這麼輕易善了，要知道，除去一個惡人，等於是做了一件好事。

古代周處除三害的故事即是很好的例證，一個人要使壞，那麼造成的災害可比天災還來得厲害，如果不能除去這些「惡」，最後必蒙其「害」。所以，爲善除惡的任務，首先就是要根除「小人」，將危惡的可能性降到最低。

對付像害蟲一樣的「小人」，其實沒有什麼好客氣的，因爲對「小人」再好，他也不會感激你。一旦對他沒好處，他就會一腳把你踢開，有時甚至還會順手在背後放你一記「冷槍」。

對這樣的人，如果能夠徹底擊垮，使他囂張的氣焰受到打擊，減少危害性，豈不是功德一件？假使足夠沒有實力一舉擊敗他，那至少也要挖他的牆角，讓「小人」集團自體崩解。

挖「小人」的牆角，不僅可以使自己在競爭中掌握住主動的優勢，更可以爲其他人掃清障礙，使正直的人能有更多的出頭機會。

此外，挖「小人」的牆腳，還有利於整個組織運作。將一些貪贓枉法的傢伙揪出來，就好像清除了體內的毒液，如此組織才能健康地發展下去。

但是，既然對方是「小人」，就表示對方必會爲了保全自己的利益不擇手段，那麼要如何成挖「小人」牆腳，又讓自己明哲保身呢？

以下提供幾個重點：

・務必小心謹慎

「小人」表面看來可能很「和善」，但這只是表面，他的內心實際上心胸狹窄，時時事事爲自己個人考慮，什麼道德、品質、人格在他心目中根本不算什麼。面對這樣的人，最需防範他們笑裡藏刀。

尤其是手握一定權力的「小人」，處理過程一定要愼之又愼，因爲這些人往往心狠手辣，爲爭權奪利無所不用其極，對於和自己作對的人，必「除之而後快」。所以，爲了防範他們反撲，最好不暴露自己，躲在暗處操作。

・詳細收集事證

想要指派對方的不是，一定要有充足的準備，一旦罪證確鑿，任憑對方再有三寸不爛之舌，也勢必啞口無言。所以，可以在平時將就把種種相關的事證資料收集起來，一旦時機充分，就將事證檢舉出來，揭發他們的不法行爲。

• 備妥靠山和後路

必要的時候，可以儘量凝聚自己力量，一方面牽制對方，一方面也可以爲對方帶來壓力。有時候，也可以利用群衆的力量，對他們造成一定的威懾。有了足夠的靠山，也別忘記幫自己安排退路，一旦事情進行不順，至少要能安然退出。

透過以上這些方式，站穩腳步，進可攻退可守，既可達到挖「小人」牆角的目的，又可保全自己。

其中最好也是最有效的方法，就是讓小人集團自亂陣腳，透過小人間的相互矛盾，引使他們自相攻擊，如此便能隔山觀虎，坐享最後的成果。

別給「馬屁」拍上天

當你聽信了諂媚之言，等於是接受了一篇毫無用處的假話，同時犧牲了自己某部分原本並不想給出的利益。

好聽話人人愛聽，但是光聽好話卻不見得是一件好事。

有一個笑話是這麼說的：據說某個人在長官面前提到，自己的師長曾經告訴過他一個無往不利的絕招，就是「九十九頂高帽」。

長官聽了不禁感到好奇，什麼是「九十九頂高帽」？那人解釋說，就是幫人戴高帽，大獻殷勤，高帽子戴得好、戴得巧，效果截然不同。

長官聽完解釋後，臉色一正，相當不以為然地訓斥說：「我最討厭別人阿諛奉承、逢迎拍馬了。」

那人聽了連忙附和地說：「是是是，您的情況當然不同，您恰恰巧是個例外。想想看，像您這樣不吃馬屁的人，天底下能有幾個呢？」

只見長官的臉色稍微和緩了下來，假意瞄了那人一眼，說道：「你知道就好。」說完便走了出去。

那個人畢恭畢敬地對長官行目送禮，心裡可是暗自回了一句：「還說沒用，這不就送出一頂了。」

這個笑話說明了，儘管人人都說不愛被拍馬屁，但是很多時候，當馬屁上門，卻不見得能夠抵擋得了。

讚美和諂媚最大的不同就在於誠意上的差別，諂媚的人所說的好話並非發自眞心，而是爲求某種目的而來。說假話是爲有所求，而且這個要求必須使手段才能得到，而不是給予者原本就想給予，因爲如果是他本來就該得且可得的東西，也就不用特意說違心之論了。

換句話說，當你聽信了馬屁精的諂媚之言，除了一時的得意之外，等於是接受了一篇毫無用處的假話，同時犧牲了自己某部分原本並不想給出的利益，這樣的代價顯然根本就不合算。

要怎麼樣才能不被「馬屁」拍上天、牽著走呢？首先一定要能分辨得出什麼是眞心的讚美、什麼是虛情的諂媚。像前面故事中的長官，自己爲不受獻媚卻還是被戴上了高帽，就是因爲他聽不出什麼是諂媚的話。

一般來說，有幾種常見、有效的諂媚方式：

・應付型

所謂應付型的獻媚方式，就是順著你的思路走，說出你想聽的話，不至露骨也不會太過分，因此最常爲人所接受。

・阿諛型

此種類型的獻媚方式層次稍微低了一點，也就是刻意「說好話」討好人。這種做法只要不要太過肉麻，一般人也尚可接受。

• 反證型

透過貶低某一方來哄抬另一方的獻媚方法，稱之爲「反證型」獻媚。只要被貶低的一方和被獻媚的一方之間有所對立，這種做法使用起來特別靈驗。

若是想要不輕易被馬屁騙昏了頭，首先要學習多聽反面意見。

順從自己意見的話，雖然表示了一種認同，但是聽多了對自己並沒有好處，也得不到任何價值，因爲，這些話說來說去都是自己所想的事，不會有所刺激，也無法獲得創新或改善。

至於好聽話，偶而聽聽無妨，可一旦發現自己耳邊只剩下好聽話時，就要提高警惕，防範有人有所意圖。一個領導者如果只聽好話，就無法發現下屬的問題，也無法及時解決問題，如此將會造成重大危機。

此外，會在你面前說人壞話的人，特別要小心防範，因爲這樣的人在你面前說做一套，在人後可能又是另一番嘴臉，更可能是專擅挑撥離間，從中獲取好處的小人。不只該謹慎面對，更不要落入他們的陷阱之中。

別忽視流言蜚語的危害

哪怕是一點點毫不相干的風吹草動，都可以被渲染、歪曲，就算是無憑無據的傳言閒語，也可能會像滾雪球一樣帶來意想不到的災害。

縱觀人類歷史中，許多悲劇就是在流言蜚語的作用下所產生。

言語的力量，影響何其深遠，有人說「君子不畏虎，獨畏讒夫之口」；有人說「衆口鑠金，積毀銷骨」；有人說「讒言三至，慈母不親」；這些話無一不強調出流言蜚語的殺傷力。

一旦被流言顛倒黑白，即使連老虎都不怕的君子，也得無奈低頭；面對無數人的指責，再如何強硬的意志也會爲之消磨；謠言說了又說，到最後連最親近的母子都開始產生了懷疑。

魏晉南北朝時代，有過一個姐妹鬥爭、利用流言把皇后拉下台的例子。

當時北魏孝文帝在位，非常寵愛一對姐妹，姐姐名叫馮媛，妹妹名叫馮潤，兩人都是容貌過人的美女。孝文帝還曾經特別賜字給兩人，說妹妹馮潤「媚而不佻，靜而不滯」；而姐姐馮媛「風韻自嬈，妖媚艷麗」。

原本姐妹倆一同侍奉皇帝，過著很幸福的生活。後來馮媛舊病復發，被譴送回家養病。等到她好不容易回宮之後，才知道妹妹馮潤已經被封為皇后，自己只能得到左昭儀的位置，心中頗有不甘。

為了奪得權勢與地位，馮媛開始用盡心機。首先，她將自己打扮得艷如芙蓉，然後將麝香揉成微粒，納入肚臍之中，隱而不見卻通體奇香，果然令孝文帝印象深刻，從此倍加寵愛。

身居昭儀之位的馮媛，便依侍著皇帝的寵愛，經常在枕畔床邊有意無意地說妹妹皇后馮潤的壞話，目的就想讓皇帝對皇后產生反感。

當時孝文帝力行漢化政策，禁止穿胡服、說胡語，但是皇后對於漢人的穿著打扮、言行舉止非常不習慣，因此，拒說漢語，也不願改穿南服。關於皇后的固執，孝文帝多少有點不悅，但是因為疼愛皇后，也沒有多加堅持。

馮媛便利用這個機會，刻意捕風捉影，更加批判皇后的不是，把皇后的種種舉止都曲解成對皇上不敬，為反對而反對。孝文帝聽久了，竟也越來越相信馮昭儀的讒言了。一次，孝文帝又從馮昭儀口中聽見皇后批評自己的通婚政策，一怒之下就把皇后找來狠狠斥責一頓。皇后知道是受了姐姐的暗虧，便也端著架勢訓斥了馮媛一陣，兩人的爭鬥因而白熱化。

在一場宮廷宴會中，本來由昭儀和其他嬪妃一同侍飲，後來孝文帝喝得高興，便要人去請皇后前來同歡。馮皇后一聽昭儀在場，當下拒絕，不願出席；可是皇上一再命人來請，皇后只得更衣赴宴。到了會場，看見馮昭儀依偎在皇帝身邊，氣得馬上破口大罵：「我才不要和騷狐狸同坐。」

馮媛知道妹妹暗諷自己，便也毫不退讓地回敬，兩人你一句、我一句，吵得不可開交。孝文帝聽了心煩，便唸了皇后幾句，這下可更激發了皇后的怒火，連皇帝都不放過，怒斥他被女色迷昏頭，之後扭頭就走。

現場尷尬至極，皇帝掛不住面子，馮昭儀又伺機在耳邊嚼舌根，孝文帝怒極氣極，第二天就將皇后貶為庶人，送到瑤光寺出家。

馮媛一步步為自己奪得皇后之位，但好景不長，後來孝文帝出戰病歿，死前賜令皇后自盡殉葬，心機用盡的馮媛，最後也難逃被迫飲下毒酒而死的命運。

善於「捕風捉影」的人，哪怕是一點點毫不相干的風吹草動，都可以渲染、歪曲成不得了的大事，進而成爲誣陷他人的事證。就算是無憑無據的傳言閒語，也可能會像滾雪球一樣帶來意想不到的災害，更何況是有心人惡意挑撥？

可惜，雖然人人都知道謠言可能帶來如此大的傷害，但是我們的生活卻無法全然根除謠言的存在。

只要有人，就有流言，就有八卦，儘管流言中的主角總是深受其害、深感其苦，但是，一旦主角換人做，可能還是會不自覺得把另一段流言傳遞出去。

把目光放遠，才不會用問題解決問題

如果不能冷靜思考，小心用權用謀，一旦走了極端，反而會遭受小人勢力集結反撲，豈不得不償失。

凡事給人留餘地，其實也是在爲自己舖路，行事千萬不能只見樹不見林，過於極端的處事方法，往往反而會爲自己惹來不必要的麻煩。

看問題要有洞見，處理問題更要洞察機先，把目光放遠才不會用問題解決問題。南宋高宗的丞相趙鼎，就是一位能放遠目光的臣士。

一向嫉惡如仇的趙鼎，處理事情卻不慌亂、不躁進，有勇有謀，思慮極為周全，可說是個深諳靈活處世要訣的高手。

有一年，山東知府劉豫意圖反叛，四處張榜自稱皇帝，結果朝廷中竟也有人遙相呼應，一時間謠言紛傳，搞得人心惶惶，天下不得太平。這個內應便是宦官馮益，這件事情由泗州知府劉綱上奏高宗，要求即刻處理，否則將會有損國體和皇帝的名聲，造成不良影響。

當下，有許多人建議高宗殺掉馮益，以儆效尤。

趙鼎卻另行獻計，建議採用較為和緩的方式，說道：「不如暫時將馮益降職，調派到外地，以消除眾人的疑惑。」

一時之間朝臣議論紛紛，彼此沒有共識，最後宋高宗採納了趙鼎的建議，下令將馮益放逐到浙東任職。

下朝之後，另一位丞相張浚，也是主張殺掉馮益的人，立刻生氣地追著趙鼎，質問他為什麼要「縱虎歸山」。

趙鼎連忙安撫張浚的怒氣，等對方好不容易平撫下來，才解釋道：「從古到今，處置奸佞之人一定要謹慎而行，要有一定的方略，不可操之過急。如果太過急切，處理得不好，反而會讓同黨勾結在一起，形成一股勢力，從而招致大禍。若是能夠先緩上一緩，讓他們自己產生矛盾，反而可以不攻自破。」

張浚雖然順了氣，但是臉色還沒平復，沒好氣地問：「那又怎麼樣？這下子馮益一點事也沒有，誰不都想造反了？」

趙鼎搖了搖頭說：「現在馮益雖然犯罪，但還稱不上什麼大災害，如果一下子殺了他，天下人未必就會拍手稱快，反而會打草驚蛇，讓那些宦官人人自危，說不定會串連起來為馮益開罪。」

「懲罰要罰得恰到好處，不殺馮益而將他放離京師，既暫時隔離了這個危機，又達到了懲戒的目的，保住皇上的聖名，且可好好部署下一步的行動。如此，豈不是一舉多得？」

趙鼎又進一步說：「想那馮益，原本以為自己會被殺，如今卻只有留官外任，想必會心存僥倖之心，盼望有朝一日能再回京師。」

「這麼一來，他現在的那些同黨就會轉變成為未來反對他的勢力，以後處理起來，就會容易多了。」

張浚聽完趙鼎的說明，這才恍然大悟，暗自佩服他想得深遠。果然後來馮益的影響力漸瓦解，而劉豫也毫無作為。

由於趙鼎能夠妥善思慮，小心處理危機，成功避開了懲治奸人所可能引起的副作用。既達成目的，又不製造問題。

所以，無論處理任何事情，都不要走上極端，即使小人落在自己手裡，也不要一味地斬盡殺絕。

要知道，世上的小人正如白居易所說得離離原上草，殺之不盡，燒之不絕，如果不能冷靜思考，小心用權用謀，一旦走了極端，反而會遭受小人勢力集結反撲，到時豈不得不償失。

軟釘子總有硬錘子對付

只要看準了要害，表現出比對方更強的意志力，先將軟釘子的棉花燒掉，再以硬錘來對付釘子，難題自然迎刃而解。

有些人很難纏，不會正面和你發生衝突，可就是推拉不動，遇到這種人實在是棘手至極。處理不好，不但多樹立一個敵人，還會讓人覺得自己仗勢欺人，損害形象。如果不能大刀闊斧地快刀斬亂麻，最後就會被這些人吃得死死的，什麼事也做不成。

很多人都已經知道硬碰硬、正面衝突不見得對自己有好處，於是開始以軟抗硬，四兩撥千斤，給對方軟釘子碰。可惡一點的，則大行陽奉陰違的伎倆，無論你怎樣著急，怎樣發火，他都不會著急，不會與你翻臉，更不會與你打架，可就是不合作，存心要讓你開天窗。

遇上這種人，你非但急不得，氣不得，惱不得，悔不得，還得想出個好辦法，才能與他打交道。

軟釘子看似軟綿綿毫無著力點，但是只要是人一定有弱點，只要看準了要害也能見縫插針，趁勢出擊。屆時，管他軟釘子還是硬釘子，全都不是問題。

有一家名為華宇企業的服裝公司，專營服裝生產。一家貿易公司見華宇的商品品質良好、賣相極佳，便主動要求與華宇企業簽約，為其品牌代銷。由於這家貿易公司表示他們的資金運轉出了點狀況，所以要求在出貨之後再給付款項。雖然合約條件有點不利，但是華宇企業為了打開當地市場，最後也只好答應。

結果，過了一年，當華宇企業派遣帳務人員到貿易公司要求收帳的時候，卻硬生生地碰了軟釘子。

貿易公司的總經理親自出來接待這位帳務人員，態度和善禮貌、笑容可掬，一路東拉西扯窮聊天，就是想要轉以帳務人員的注意力。

但是這名帳務人員倒沒忘記自己的職責，決定開門見山，表示今天就是要來催收已經積欠一年的貨款。

只見總經理立刻開始皺眉擠眼，一副為難的模樣，最後才吞吞吐吐地說：「之前簽約的時候也跟你們提過，我們公司的生意真的不是很好，本來也想及時交款的，可是……可是……唉！一言難盡啊。不如你看看可不可以稍緩幾天，讓我們再想想別的辦法……」

貿易公司總經理還沒吐完苦水，帳務人員心裡已經明白了十成十，這家公司擺明了就是要拖帳。於是他表面上和對方虛與委蛇，表示要向公司請示，立刻打了一通電話回公司，向華宇企業的總裁報告。

華宇總裁很快聽出帳務人員的話中之意，當下命人要求倉庫立刻調查對方的銷售和出退貨的狀況，同時，也透過認識的市調公司了解那家貿易公司的營運狀況。結果發現，這家貿易公司不但因為銷售華宇的產品大賺了一票，還連帶推銷出不少周邊產品，得到相當可觀的收益。

資料一到手，華宇總裁立刻要求帳務人員將電話轉到貿易公司總經理手上。

那位經理一接到電話，就聽到：「您好，經過市場調查，發現貴公司經營效益極佳，生意好得不得了，所以希望您能夠依合約按時付款，不要讓我們難做。否則，本公司只好訴請法院裁決。」

一聽對方想走法律途徑，貿易公司的總經理氣焰一時全沒了，不但打消賴帳的念頭，還立刻命人帶領帳務人員到出納部簽領款項。

華宇企業能夠成功收回這筆帳款，全憑著他們掌握了足夠的訊息和資料，以強勢的姿態，讓對方無所遁形，軟釘子無處施展。

所謂「軟釘子」，無非就是將釘子用棉花包起來，讓人在不明就裡的情況下碰釘子。所以，要解決軟釘子，就先將棉花燒掉，再以意志堅強的硬錘來對付釘子，難題自然迎刃而解。

輯 3

虛張聲勢，讓對手不敢造次

與人周旋、交談時，
注意說話技巧與態度，展現出自信，
可以有效提高自身壓迫威嚴感與說服力。

瞄準關鍵人物的「要害」下手

在採取行動之前，務必進行審慎妥善規劃，務求找出關鍵人物的需求，從最「脆弱」的地方著手，一舉中的。

SONY公司創辦人盛田昭夫曾說：「和機器打交道的時候，你可以是完全理智的，但是與人互動之時，有時你不得不把邏輯放在次要的位置。」

日常生活中，誰都免不了和別人打交道，無論是交往、交談、交易，或是求人辦事，常常考驗著我們的應對能力。

想讓結局有利於自己，首先要讀懂人情世故，掌握人性運作法則。把對方的心理讀得越通透，應對就越輕鬆，越容易獲得自己想要的結果。

為了追回一筆人民幣一百萬元的欠款，梁英足足前往新春電線廠討了十多次，卻總是沒有結果。她感到不能再這樣下去，決定換個方式下手。

於是，梁英開始打迂迴戰，瞄準新春電線廠財務科副科長小李下手。這年輕的小夥子雖只是副科長，卻是新春電線廠廠長的外甥，如果能拉攏過來幫忙，要回欠款想必會容易許多。

這天，梁英再度前往新春電線廠，逕自往財務科把小李叫了出來。小李一臉為難地說：「梁大姐，妳的事，我實在幫不了忙。」

梁英一聽笑出聲，擺了擺手說道：「我今天可不是來要錢的，更不是找你幫忙，而是為了幫你的忙。」

「幫我的忙?什麼意思?」小李不解地問。

「替你介紹對象呀!」

一句話說得小李的臉微微發紅，梁英則自顧自地接著講下去：「別不好意思，我已經打聽過了，你還沒有女朋友。正巧我昨天去姑媽家，我有一個表妹也還沒有對象。我表妹長得漂亮，剛從大學畢業，和你非常登對啊！對了，我已經替你約好了，今天晚上在光明電影院見面，這是電影票，可別去晚了喔！」

小李接過電影票，連聲道謝，梁英拍了拍他的肩，轉身離開。

第二天，梁英撥了通電話給表妹，從對方的語氣中感覺到兩人似乎印象不錯，很有繼續發展的可能，不禁暗自得意，要回欠款有希望了。

從此之後，她不再天天前往新春電線廠要欠錢，而是把精力分配到其他上下游客戶、廠商身上。

半年時間很快過去，有一天，梁英家裡出現兩位不速之客，正是小李和她的表妹。兩人表示近期就要結婚，小李接著又說，新春電線廠最近收回好幾筆貨款，明天就可以辦理還款手續。

兩個月後，在小李的婚宴上，當身分為介紹人的梁英和為新人證婚的新春電線廠的蔣廠長見面，蔣廠長才恍然大悟，為什麼財務科副科長、自己的外甥，在處理還款問題的時候，會那樣竭力地替對方說話。

小李夫婦怎麼也不會想到，他們竟成了梁英討債過程中最關鍵的一著棋，產生舉足輕重的作用。因爲，自始至終，梁英都沒有向他們提出任何要求。

這就是梁英熟諳人性的最好證明，她知道有了「裙帶關係」之後，不用自己畫蛇添足地開口，小李必定會主動開口幫忙，因此只要等待時機成熟即可。

俗話說「打蛇要打在七寸上」，解決困擾自己的問題也是如此，做任何事都要瞄準關鍵，從「要害」下手。

梁英能夠順利要回款項，就是因爲選擇了好的突破口。至於，怎樣找出關鍵人物？又該怎樣攻下關鍵人物？凡此種種都是人際關係中的學問。

當然，做任何嘗試、下任何決定都有風險，所以在採取行動之前，務必進行審愼妥善規劃，務求找出關鍵人物的需求，只要懂得從最「脆弱」的地方著手，往往就可以一舉中的。

抓住弱點，一招致勝

與團體交涉時，不妨採用各個擊破方式，找出不同成員間彼此溝通的障礙或矛盾，如此一來將可以達到事半功倍效果。

人際應對就像一把雙面刃，人情世故掌握得好，不愁做事得不到成效。不管做什麼事，一定要講究策略和技巧，如果你不願多花點心思琢磨對方的心理，老是直來直往，必然會陷入各種無法預知的陷阱和困境之中。

經營原料買賣的老張氣呼呼地來到一家欠了好幾筆款項的工廠，決定今天無論如何，都要把延宕了好幾個月的債務解決不可。

推開廠長室的門，說明來意後，廠長客氣地請老張去找經營科長。經營科長聽了，說這不是自己的事情，又請他去找供銷科長；供銷科長只搖搖頭，又把老張推向了財務科。最後，財務科長只說了一句：「具體狀況我不清楚，你找別人吧！」之後便再無下文了。

覺得自己像皮球被踢來踢去，老張怒氣沖沖地走回廠長辦公室，把自己的遭遇完整地陳述一遍。

「去找經營科長，就說是我說的！」廠長立刻拿出威風。

這回，經營科長果然客氣許多，但說來說去，最終結論就是沒錢，還不了債。老張心想，這樣就想打發我嗎？才沒那麼容易。

他馬上又回去找供銷科長，結果當然也是和經營科長一樣，一聽是廠長交代下來的，態度變得很客氣，可還是沒錢。

這次，老張沒生氣，心下一轉，生出了一個計謀。

「你怎麼又來找我？」廠長第三次看見老張進辦公室，明顯滿臉不高興。

「我跟他們說了，是你要我去的，可是他們根本無動於衷，還是敷衍推託，根本不理會。」老張一臉無奈地說。

廠長聽罷，馬上板起臉孔，用內線電話把經營科長叫過來。

「我不是解釋了嗎？目前廠裡的資金很緊，一時調不出來。」一進入廠長辦公室，經營科長就說。

「你並沒有這麼說，只是讓我去找供銷科長。」老張回答說：「不信可以去找供銷科長問一問。」

聽著不著邊際的應答，廠長感到有些頭痛，便下了逐客令。「你們自己去談談，把話講清楚。」

「你這人怎麼胡說八道？」經營科長相當生氣。

「是廠長請我去的，問我跟你談得怎麼樣。」老張說。

「我不是說了嗎？沒錢。」

「那你要想辦法解決問題啊！」

「這就是答案，現在解決不了。」

老張沒再回話，轉身就離開。

「你還來幹什麼？」廠長第四次見到老張，煩得幾乎要拍桌。

「經營科長告訴我，就算你說也做不到，根本什麼事情都解決不了，不回來找你怎麼辦呢？」老張說：「我這一整天就這樣耗在這裡吧！」

廠長一聽，大動肝火，抓起電話撥通後就是一陣大吼，要經營科長非得把事情徹底解決不可，別再拖延，替他製造麻煩。

「你到底是什麼意思？」經營科長狠狠瞪著裝出一臉苦惱的老張。

「我沒什麼意思，是你一直弄不懂廠長的真正意思。」

「是嗎？他是怎麼說的？」

「他聽說你還不把錢給我，當然生氣。」

「這麼說，他同意給你錢？」經營科長有些驚訝地問。

老張早料到有此一問，便答非所問，模糊帶過：「說不定過幾天，廠長還要再跟我訂一批貨……」

「好吧！」經營科長不疑有他，站起身。「帳上確實還有一部分款項，原本是要撥去發放工資的，既然廠長都點頭了，就先給你吧！」

說完，便親自領著老張前往財務科辦理手續。

從以上這個故事，你是否看出了什麼道理？與團體交涉時，不妨採用各個擊破方式，找出不同成員間彼此溝通的障礙或矛盾，如此一來將可以達到事半功倍效果。

想要得勝，切記找出對方的弱點。

先讓對手吃點甜頭

面對難以應付，不輕易讓步的對手，不妨給一點點小甜頭，用利益去降低他們的防備心。

商場上有句行話，叫做「不見兔子不撒鷹」，意思就是要人審愼行事，避免捕風捉影的莽撞行動。要知道，耳聽爲虛，眼見爲實，「一手交錢，一手交貨」雖是句老話，卻也是不可否認的定理。

當然，換個角度來說，有些人爲了達到自己的目的，也會假意地放出「兔子」，誘使對方「撒鷹」，然後再好整以暇地把兔子收回籠子裡，順便連鷹都一起抓到手。

老黃在社會上打滾多年，很有自己獨到的經驗，辦事能力相當強，各種問題幾乎都難不倒，因此很受器重，被調到業務部門，擔任起人人避之唯恐不及的「討債」工作。

老黃接下的第一個任務，是前往一間態度相當難纏的經銷公司催討款項，而對方派出接待他的是業務部門的裴主任。

兩人說了半天，裴主任就是不入正題，只要一聽到老黃提起錢的事，就馬上用別的話給擋回去。

老黃這下子明白了，裴主任必定也是個精明的人，能力絕對不在自己之下，相當不好應付。

這可怎麼辦呢？當然要換個方法出擊。這號人物雖然總是逃避對自己不利的問題，卻有個弱點，就是一旦遇到好處，便會馬上被利益蒙蔽了眼睛，寧可把腦袋削尖也要拚命往前鑽。

念頭一轉，老黃決定施展欲擒故縱之計，神秘兮兮地湊近裴主任說：「跟您說個好消息，我們工廠最近要降價處理庫存產品，這可是個難得的好機會。」

「是嗎？降價幅度多少？」裴主任立刻睜大了眼睛，來了精神。

「所有產品全面降價，約在十五％至二十五％。」老黃說。

「喔！那倒是不錯。我們可以續約，繼續經銷你們的產品。」

「很抱歉，這可不行呀！因為是降價銷售，所以必須以現款提貨，更何況你們還欠著一筆錢呢！」老黃搖搖頭。

「那就算了，我們現在還真拿不出現金。」

裴主任不愧是條老狐狸，根本不上當。

一擊失利，老黃毫無表情。他有信心，對方絕對不會輕易放過到手的利益，只要再加一下溫，不怕獵物不上勾。

第二天，他再度前往拜訪裴主任，但講沒兩句話便匆匆起身，表示公司有吩咐要快點回去，以免其他負責銷售的員工忙不過來。

裴主任一聽，立刻起身握著老黃的手說：「你幫我替上級聯繫一下，過去的欠款我先歸還三分之一，然後以現款購買降價產品，如何？」

老黃知道計策發揮了功用，心裡得意極了，卻仍舊不動聲色，沉穩地說：「這簡單，只要你能多少還一些欠款，讓我有面子，其他就包在我身上。」

回到公司後，老黃立刻向主管說明狀況，並提出自己的打算，進行安排。果然，不出幾日，裴主任便親自登門。只見他拿出支票，讓老黃看了幾眼確定便又收了起來。

老黃明白，裴主任仍有疑心，要一手付錢，一手交貨。

於是，他便開始忙著幫裴主任辦理手續，之後，又親臨儲運部門調車提貨。裴主任跟前跟後查點著數量，等到確定一切準備就緒，貨物也裝載完畢，只待出發，才把支票交到老黃的手裡。

卻沒料到老黃才拿到支票，下一秒就張口大喊：「停。」

裴主任沒料到有這一招，猛地一驚，出了一身冷汗，想要阻止，可是支票已經握在對方手上，拿不出半點籌碼。

「裴主任，對不起了，我們還是要按規矩行事。我先把你欠的錢全部扣下，再看看究竟還能買多少貨物。」老黃面帶微笑，不慌不忙地說。

裴主任機關算盡，以爲自己掌握到一切好處，最後卻仍舊栽了個觔斗，敗在老黃手裡，說穿了就是因爲好貪小便宜。

太多人都有這樣的毛病，只要看見眼前的利益就忘了對方眞正的目的，傻傻地跳近圈套裡去。明白了這個道理，遇到類似狀況就可以活用一些厚黑技巧：面對難以應付，不輕易讓步的對手，不妨給一點點小甜頭，用利益去降低他們的防備心。

虛張聲勢，讓對手不敢造次

與人周旋、交談時，注意說話技巧與態度，展現出自信，可以有效提高自身壓迫威嚴感與說服力。

不論交涉、談判，或是處理人與人之間的複雜關係，其實都像行軍作戰一樣，要保持冷靜的思維，先摸清對方的性格與心理特質，然後及時展現自己的處世智慧與應變能力。不管面對什麼人、面對什麼情況，都要事先做好充分準備，全力功擊對方的弱點。

在商場上打滾，會碰上各色各樣的人，即便自己以誠待人，仍可能被心懷不軌者存心訛詐，這時該如何是好呢？

孫經理，是位四十開外的單身女人，因為天生性格強悍，生意做得相當大。

有一天，她剛結束會議，就聽說業務員小關被人騙了，忙把他找來問究竟。

小關年紀還輕，剛從大學畢業不久。他說，前些日子，某公司前來購貨，在簽名時動了點手腳，故意把帳號尾數的「七」寫成「九」，等到至銀行代收支票時，便因這個理由遭到銀行拒絕。

「為什麼當時不核對一下？」孫經理發火了，毛病竟然出在這裡。

「對方在簽名時，墨水沾得有點多，所以模模糊糊，看不清楚。」小關說。

「就這樣算了？」孫經理問。

「我用電話聯繫過，他們說沒接到銀行的付款通知，所以就把經費用在其他生意上了，沒錢給我們。」小關說。

批評已經無濟於事，孫經理決定自己出馬解決問題。

小關領著孫經理，在一處僻靜小巷裡找到了這家公司。一進門，孫經理便大大方方地往椅子上一坐，一個中年人見狀，立刻請出總經理。

只見總經理不慌不忙走出，略微點了一下頭，自稱姓米。孫經理心想，這個人最多也不過三十來歲，自己的氣勢絕對不能被壓過去。

「你們做生意也太不老實了！竟然騙到了我的頭上！」

「這是正常業務往來，怎麼能叫騙呢？誰叫你們辦理託收不及，當時也不留心，怪不得我們。」米總經理回答。

「我就只要你把該付給我們的錢拿出來，其他的場面話都不用講。」孫經理表現得相當強悍。

「妳大可以去打官司，反正我現在沒錢。」米總經理冷冷地回答。

「嘿，這真有你的，但我偏不吃這一套。」孫經理扭頭對站在身後的小關說：「走！去銀行查他的帳！」

「唉呀！別那麼激動！不如先去吃午飯，我請客，有事慢慢商量。」米總經理一聽到對方要查自己的帳戶，頓時有些緊張，畢竟不知道孫經理的本事多大，還是謹慎防範些好。

孫經理的酒量很大，米總經理原本盤算著把她灌醉之後設法套出實底，卻沒想到幾杯白酒下肚之後，反倒是自己先說了實話。

原來，米總經理的「公司」只有兩個人。招聘業務員時講定，每一批貨都發貨款的十分之一給業務員，然後解聘，由他們承擔責任並處理債務關係，玩點小手段，只欠不還。公司賺到了錢，就拿去投資其他的熱門生意。

「反正都是公司的事，何必這麼認真？這樣吧！我把貨款總額的十分之一給妳個人，就當作是我的一點心意。」米總經理說。

「那怎麼行！我這個人，什麼都缺，就是不缺錢。如果是我自己的事情，倒也就算了，根本看不上眼，正因為是公司的事，所以你必須一分不少地即刻還給我。」孫經理毫不動搖。

「妳怎麼有這麼多錢？」米總經理按捺不住驚訝，脫口而出。

「當然是自己賺來的呀！我家有兩個工廠一個大酒店，每年利潤的三分之一再撥出去投資，累積起來就有了。」

孫經理漫不經心卻又理所當然地回答，但事實上她家根本什麼也沒有。

「老弟，欠我的錢拿來吧！」酒後，她說：「這種缺德生意也別做了，改天到我那裡去，我幫你介紹一份好工作。」

米總經理再無二話，乖乖去銀行領了錢，把所有積欠的款項都還清。

想要爭取或維護自己的權益，必須明確洞悉自己遭遇的對手，同時也要客觀地評估自己有多少能力，眼前面臨什麼狀況，並且用最正確的方法面對。

這篇故事，明白展現出了「氣勢」的妙用。孫經理憑什麼深入虎穴，得到虎子呢?說穿了就是憑藉著氣勢。與人周旋、交談時，注意說話技巧與態度，展現出自信，可以有效提高自身壓迫威嚴感與說服力。

要維護權益，也要鞏固人際關係

「做事留一線，他日好相見」，掌握所有可供利用的人脈資源，就是在商場上立命安身不可不奉行的真理。

商場如戰場，想要生存，首先得分清誰是敵手，誰是朋友。對朋友，必然笑臉相向，如同春風和暖；對敵人，則必須橫眉冷對，嚴冬一般殘酷無情。

但是，話又說回來，商場上沒有永遠的朋友，也沒有永遠的敵人，只有對利益的追求永遠不變。因此，待人處世態度絕不能一成不變，否則不是被認爲軟弱可欺，就是可能被當作無情無義。

不僅要靈活機動，更要學習適時調整面具。對小人扮小人，對君子扮君子，如果君子變成了小人，就該馬上武裝自己、加以防備；同理，如果小人變成了君子，那麼也應該把黑臉換成白臉，雙方仍是朋友。

具備這樣的能力，才有縱橫商場的本錢。

一位住在美國洛杉磯的華裔商人陳東，向香港繁榮集團購買了一批景泰藍，言明一半付現，另一半以支票支付。交易當天，陳東卻不出面，指派兒子前來支付現金與一張一個月的支票。

一個月後，支票到期，卻遭到銀行退票，幾經聯繫，陳東一推再推，後來索性不接電話，繁榮集團這才知道中了圈套。對此，集團老闆陳玉書相當憤怒，直說：「除非他永遠不踏上香港一步，否則我一定逼他把錢交出來。」

於是，陳玉書開始廣佈眼線，終於有一天，得知陳東來到香港洽談生意。陳玉書馬上派人與他聯繫，並以廉價批售鳥獸景泰藍相誘，將陳東請到公司。

一踏入辦公室，便聽見背後門被鎖上，陳玉書大喝一聲：「陳東，總算等到你了！」陳東驚覺自己上當，臉色大變，僵立在當場。

陳玉書伸出手問他：「我的錢呢？」

「什麼錢？」陳東很快回過神，意圖耍賴。

「你欠我的錢呢？」

「錢是我兒子欠的，你要我還，這根本不符合美國法律！」

「沒有你的授意，我當初又怎麼會跟你兒子簽約？另外，這裡是香港，不要用美國的法律壓我，乖乖還錢。」

陳東緊張地盯著陳玉書，生怕對方氣得失去理智，會使用武力，便大聲說：「你這樣是不行的，別想恐嚇我。」

「對付不講理的人，我自有我的辦法。你別以為自己懂得美國法律，我就對付不了你。你知不知道我是什麼人？」不等對方回答，陳玉書一拍桌面，大聲吼道：「告訴你，我從小就是在街頭混出來的！」

有句俗話說：「軟的怕硬的，硬的怕橫的，橫的怕不要命的。」那個當下，陳東全身冷汗直流，用手摸摸胸口，又忙掏藥，看樣子有點受不了。

陳玉書見已經達到恫嚇的效果，便稍微和緩了口氣對陳東說：「我就只要你還錢，其他都好說。你自己考慮考慮吧！」

陳東知道自己既然不慎落在對方手上，抵賴也已經無用，所有詭計都無法施展，只得打電話聯絡朋友，開出一張支票。

陳玉書也學了乖，馬上要部屬拿著支票前往銀行取款，確定成功兌現後才放已經嚇壞了的陳東離開。

事情到此算是解決，但並未全部落幕。第二天一早，陳玉書和妻子親自前往喜來登酒店拜訪了下榻的陳東，還帶著禮物，向對方表示誠摯的歉意。

陳玉書又是爲了什麼呢？

很簡單，因爲錢債糾紛畢竟不是生死之仇，既然已經成功將錢拿回來，接下來就是要回頭鞏固人際關係，畢竟「做事留一線，他日好相見」，掌握所有可供利用的人脈資源，就是在商場上立命安身不可不奉行的眞理。

處世要周全，以改變應萬變

沒有解決不了的問題，端看下手的方向是否正確有效。隨時衡量情況，調整自己的做法，才是聰明的處世之道。

無論做任何事情，都要懂得掌握變通與彈性調整的空間。

即便是在催討債務的過程中，都可以採用軟硬兼施的彈性計策，以軟中有硬，硬中有軟的交替手法施加壓力，迫使對方接受自己的要求。

這種方法，尤其適合用在對方一味抵賴、固執己見、冥頑不化的時候。

某公司派出一位女經理到另一工廠催討一筆貨款，剛一見面，那家工廠廠長就搬出一大堆困難，連珠砲似地不停推託：「不是我不想還錢，可確實就是窮啊！連下個月的工資都發不出來了，哪裡還有錢還債呢？」

女經理一聽笑道：「老實說，我剛剛先花了點時間和廠裡的工人聊了幾句，大概知道營運的狀況，雖說有困難，可並沒有到完全還不出錢的地步。」

廠長自知理虧，也知道對方是個精明人，索性真的賴起來：「沒有用的，就算妳能說得天花亂墜，我也拿不出一分錢。」

女經理有備而來，並不驚慌，從容答道：「欠債還錢是天經地義的事，真要賴著不還，不免就要打官司。到時候，鬧到工廠宣佈破產，查封資產，拍賣抵債，實在是不怎麼好看。為了區區一筆小錢，何必鬧到對薄公堂的地步？您說是不是？」

廠長見招數不奏效，態度馬上軟下來，笑著說：「我也有苦難言啊，要不這樣吧！我把還欠廠裡錢的廠商名單全給妳，妳自己去交涉，有能耐要回多少，就全帶回去抵帳，這下總行了吧？」

女經理看出廠長把這些自己吃不下、應付不了的麻煩拋出來，當然不會乖乖

接受，馬上想出一個主意，回道：「冤有頭、債有主，我為什麼要去向別人要？不然這樣，換我想個辦法。聽說貴廠以您的名義買了不少有價債券與基金，不如就直接按現在的價格折算給我們吧！」

一招不行，就再換一招。

廠長馬上又想出新的主意，開出了一張「空頭支票」：「這個主意倒不錯，可惜晚了一步，那些東西昨天已經抵給了別人。對了，廠裡現有一些庫存的照相機，妳拿回去抵債吧！」

女經理露出一副為難的樣子：「要那麼多照相機幹什麼用呢？再說，我又怎麼敢下這樣的決定？您乾脆想辦法把那些照相機拍賣了，然後折換成現金還給我，問題不就解決了嗎？」

廠長見自己想出的所有辦法都被女經理給頂回來，斷了一個又一個的賴帳退路，終於無可奈何地攤手說：「妳真厲害，實在拿妳沒辦法。好吧！我馬上去找總會計師，明天就開轉帳支票過去，這下總該滿意了吧？」

想要爭取或維護自己的權益，必須明確洞悉自己遭遇的對手，同時也要客觀地評估自己有多少能力，眼前面臨什麼狀況，並且用最正確的方法面對。

正是憑著自己堅定的意志、卓越的口才、過人的機智，女經理才得以把一個存心賴帳的廠長給治得服服貼貼，不得不乖乖還錢。

她所採取的，正是以軟對硬、柔中有剛的方式，見招拆招之餘，也不失時機地主動提出對自己有利的辦法。

沒有解決不了的問題，端看下手的方向與計策是否正確有效。隨時衡量情況，調整自己的做法，才是最聰明的處世之道。

徹底發揮三寸不爛之舌的威力

千萬別小看了動之以情的「慫恿」效果，只要持之不懈，便有可能轉移對方已經做好的決定，成功達到自己的目的。

請託人辦事要有耐心，因爲許多事情並不像想像中那樣容易應付與操作，有時候，你拜託他人爲自己辦一件事，對方雖有能力，卻可能遲遲不肯答應。造成這種狀況的可能有很多，因爲任何人都可能有自己的考量與苦衷。

如果你當下便馬上放棄，那自然不會再有希望，但你若能持之以恆，以耐心周旋，便可能得到「柳暗花明又一村」的收穫。

某建築工地急需六十噸瀝青，採購員受命，立刻火速尋找貨源。偏偏當地的瀝青全部被同一家工廠壟斷，對方態度相當冷淡，推說現在供貨吃緊，至少得等到兩個月之後才能提供所需的量。

採購員一聽非常著急，工程進行到一半，怎麼能夠擱置兩個月呢？而當他從其他人口中得知其實這家工廠仍有大量存貨，只是因為自己平常沒「進貢」，忘了要打好關係，才不願意幫忙時，更是又急又怒，氣得不知該怎麼辦才好。

但這位採購員畢竟是聰明人，懂得控制自己的感情，思索真正能解決問題的辦法。他想想，自己手頭一無餘錢二無長物，要「進貢」是不可能的，但至少有足夠力量死皮賴臉地遊說對方的廠長。

從第二天起，他天天前往那家工廠的廠長辦公室，耐心地懇求訴說。廠長感到煩，板起臉孔不願意理睬，他也不在意，就坐在一旁靜靜等待下一個開口的機會，且始終面帶微笑、彬彬有禮、心平氣和、風度絕佳。

終於，「捱」到第五天，廠長再也受不住，忍不住說道：「唉，算我服了你，就幫你這一次吧！那批瀝青，明天就可以送到。」

在這個事例中，採購員先探明了自己遭到拒絕的原因，進而從這一點發揮，擺出低姿態，好聲好氣地請求，最終「磨」得對方不得不答應他的要求，屈服於一連串「纏人」攻勢之下。

二十世紀八〇年代初期，中國大陸進行了著名的「引灤入津」工程，計劃引灤河的水解決天津民生用水問題。但才進行不久，就因為炸藥量不足而面臨必須停工、延期的困境。

領導人對此心急如焚，指派李連長驅車前往東北某化工廠求援。

李連長晝夜兼程千餘里，在最快時間趕到那家工廠，卻沒料到要求提出後，只得到一句冷冷回應：「現在沒有貨。」

對於這樣的結果，他當然不能接受，只得找上廠長，決定無論如何都要設法說服對方。

廠長接見了他，表明自己不是不願意做這筆生意，但現在確實拿不出貨品，勸他另想辦法。

李連長並不灰心，坐在廠長辦公室，看著面前的一杯熱茶，忽然靈機一動，想到一個新話題：「這水真甜啊！可是您知道嗎？天津人喝的是從海河裡、窪洞中集來的水，不用放茶葉就是黃的，還帶苦味呢！」

說到這，一眼瞥見廠長戴的正是天津產的手錶，話鋒一轉又接著說：「您也戴天津錶？聽說現在全國每十只錶中就有一只是來自天津，每四個人裡就有一個用的是天津的鹽。您是行家，一定懂得水與工業的密切關係，真是為了解燃眉之急啊！沒有炸藥，工程就得延期，所有行業都要受到影響……」

李連長說得很誠懇，使得廠長不知不覺受到影響，打開話匣子與他聊起來：「你是天津人？」

「不，我是河南人。只是看了天津市民的困難感到不忍心，實在希望他們能有乾淨的灤河水可以用，所以……」

當晚，廠長發下命令，全體員工加班三天，趕製炸藥。三天後，李連長帶著滿滿一車炸藥，順利返回。

不論戰爭或是談判、交涉，總是虛虛實實，軟硬不斷替換，如果強硬手段無法屈服對方，那麼就改採軟調說法。

人是感情的動物，所以無論意志再怎麼堅定，都有可能被動搖。千萬別小看了動之以情的「慫恿」效果，只要持之不懈，便有可能轉移對方已經做好的決定，成功達到自己的目的。

微笑比發怒更能達到功效

千萬別輕忽了微笑的力量，不僅能化解紛爭，更能幫助自己達到目的。「沒有笑臉莫開店」，這是所有出色經商者都同意的經驗之談。

現實生活中，面對難以解決的問題，必須先找出癥結所在，再擬定有效的進攻策略。

不過，千萬要記得，進攻之時，千萬不要怒氣沖沖。

「伸手不打笑臉人」，縱橫商場，微笑比冰冷的臉龐更有用，可以讓你更方便更輕鬆地完成艱鉅任務。

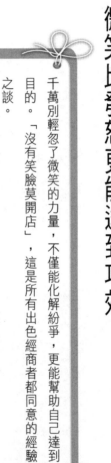

華宇服裝加工廠與羽裳時裝公司簽訂了一份加工承攬合約，按規定，由華宇服裝加工廠為羽裳時裝公司加工製作兩千五百件真絲襯衣，於四月底交貨，衣料，樣品及尺寸等由訂做方提供。

每件襯衣的加工費為二十元人民幣，總金額共計五萬元人民幣。最後，訂做方應於四月三十日提取訂做物，同時付清所有加工費。

簽訂合約後，華宇服裝加工廠上下一致趕工，到了四月二十二日，就完成了所有工作。但很快的，約定的提貨和付款期限過去，羽裳時裝公司卻始終未前來辦理提貨和付款手續。

同年五月中旬，華宇服裝加工廠正式派人前往羽裳時裝公司催討債款，但全都無功而返。狀況演變至此，究竟是怎麼一回事呢？

原來，羽裳時裝公司原是一家小時裝店，楊姓經理接手後，苦心經營，幾年來發展很快，已經成為擁有十五家分店的時裝公司。

乍看相當風光，但也由於發展過快，累積下不少欠款，每天一開門，公司就擠進成群討債的人，楊經理只好以各種理由不斷搪塞推託。

華宇服裝加工廠得知這個情況，自然相當生氣，也很擔心討不回欠款。高層幾番衡量後，決定不像其他廠商那樣撕破臉，而以「笑裡藏刀」的方式下手，並指派公關部的黃組長著手處理。

黃組長決定直接深入「虎穴」，跟楊經理約定時間，某日晚間親自登門拜訪。

那晚，黃組長依約來到楊經理家中。兩人初次見面，楊經理自知欠有大筆款項，心中不安，場面十分尷尬。黃組長見狀，為了拉近彼此距離，便開始與對方大談從事服裝製造業的一些心得與趣事。

談著談著，楊經理發現兩人對服裝設計的觀點十分相近，頓生知音之感，拿出自己得意的設計，讓黃組長評價。

黃組長一見，馬上指出其中的優點，並大為讚賞，直說是不得了的佳作，捧得楊經理得意非常。

在黃組長三寸不爛之舌的吹捧下，楊經理只覺「生我者父母，知我者黃組長也」，大為驚喜感動。

黃組長見時機已到，話鋒一轉，含蓄地表示最近廠裡的經濟狀況遇上了困境，希望楊經理予以體諒。楊經理一聽此言，二話不說，立即簽下五萬元的支票交給黃組長。

就這樣，華宇服裝加工廠討回了欠款，成功解決難題。

從上述例子可以知道，微笑往往比疾言厲色的發怒更有成效。以微笑爲煙幕，降低對方的戒心，最終成功討回債務。應用「笑裡藏刀」的委婉手法，常常可以在各種場合看到。

千萬別輕忽了微笑的力量，不僅能化解紛爭，更能幫助自己達到目的。

「沒有笑臉莫開店」，這是所有出色經商者都同意的經驗之談。無論在哪一個領域，微笑都是足以折服敵人、攻克難關的大絕招。

輯 4

亂拍馬屁，小心被踢

拍馬屁要有些技巧，沒有三兩下子可不能亂拍。
拍錯了地方，不但話收不回來，
人也會被馬踢得連翻幾個觔斗，可就出醜啦！

「有效拒絕」是保護自己的一大秘訣

透過迴避主要問題，將話題引向細枝末節，這種方式無疑比較高明，既保護了自己，也替對方留了下台階。

保護自己的秘訣，就是學會適時的「拒絕」。

有一位婦女，向來個性溫厚、爲人善良，只要朋友開口，即便是無理的要求，也幾乎都會答應下來，因爲她總是不好意思拒絕別人。

但這樣下去畢竟不是辦法，果然不久之後，就發生了問題。

有一天，一名認識已久的朋友開口向這名婦女借錢，她照例不好意思加以拒絕，於是勉爲其難地答應下來。

不過，由於是一筆可觀的數目，丈夫相當惱火，說什麼都不同意。

這麼一來，這位主婦自然無法拿到錢，只得食言毀約。

可想而知，對方本以爲一切都沒有問題，萬萬沒料到還有變數，因此發了脾氣，從此態度一百八十度大轉變，四處說她的壞話。兩人本是多年好友，就因爲這樣決裂，從此成爲不相往來的仇家。

想想，這樣的事情若是發生在自己身上，該有多麼的令人不愉快。

因此，當碰上別人開口向你借錢，能力可及自然無話可說，如果辦不到，就一定要婉轉且明確地拒絕。

你可以這樣說：「如果可能的話，我當然願意傾力相助，但碰巧手頭不方便，眞是一點辦法也沒有。實在很抱歉，希望你能夠原諒我。」

或者換個方式，也可以如此說：「如果數目少一些，我當然樂意借給你，但你的要求實在已經超過我的能力，愛莫能助，請你原諒。」

諸如此類的說法，不僅得體，而且也表現出了自己對朋友的體恤與關懷之情，不至於傷到對方的自尊。

另外，遇到友人開口借錢，以幽默態度回絕也是一種很好的方法，可以有效緩和尷尬的場面。

湯姆友善地向漢斯打招呼：「你怎麼了呢？好像很沒精神呀！」

「是呀！最近為了還債，到處籌錢，搞得身心疲憊，晚上煩惱到睡不著覺！你能不能幫忙解決呢？」

「當然好啊！我家有安眠藥，效果很好的，明天就可以帶來給你。」

透過迴避主要問題，將話題引向細枝末節，表達出堅定的拒絕之意。這種方式無疑比較高明，既保護了自己，也替對方留了下台階。

穩固人際關係，為成功打好地基

語言是人與人交流思想、資訊和情感的工具，所以應審慎應用，千萬不要用惡語損及自己與他人的關係。

穩固的人際關係是成功的基石，千萬不要小看這一方面，更要隨時隨地留心與每一個人的互動情形。把人際關係打好，就等同爲成功建立最穩固的地基，對自己有益無害。

想要成功地營造自己的人際關係，應該熟悉爲人處世之道，與人交往互動時，應極力避免觸犯以下幾個錯誤：

• 不要言而無信

爲人處世，信用兩字相當重要。古代君子強調「一言既出，駟馬難追」、「一諾千金，一言百繫」，便都是著重在一個「信」字。

還有一句諺語說「言必信行必果」，則點明了信用的內涵。這是一種對自己、對他人、對事業都負責的態度，也是在社交圈中必須樹立的形象。

不講信用的人，在現代社會中所在多有，這類人非但不值得信任，更不值得投入心力與時間經營、交往。

人際交往，貴在一個「誠」字，只要掏出心來，便能夠彼此靠近。在背後造謠生事、蜚短流長的行爲，不但會破壞一個組織的團結，傷害朋友之間的情誼，甚至還會釀成環境的不安定，同時象徵了個人品行的低下。

因此，在社交生活中，我們一定要注意做到以下幾點：

1. 不傳播不負責任的小道消息。
2. 不要主觀臆斷，妄加猜測。
3. 對朋友的過失不該幸災樂禍。

4.避免干涉別人的隱私。

•不隨便發怒

喜怒哀樂本是人之常情，但必須控制在一定限度以內。

心理學研究指出，隨便發怒，就人與人的互動來說，會傷害和氣與感情，損及熟人之間的信任和親近。抑制怒氣是個人理智戰勝感情衝動的過程，而所謂理智，恰好是彬彬有禮者應具備的特有標誌。

常聽人說「江山易改，本性難移」，似乎認爲愛發怒是與生俱來，無法控制，其實這是一種誤解、推託，想要讓自己的人際關係更圓融，就必須改善易怒的缺點。

大多數人都會下意識地對自己的行爲、信念和感情辯解，因此不知不覺中把自己置於其他人之上，強求所有人來適應自己，同時把自己的意志強加於他人。

這種不能以平等態度對待自己和別人的心理，會透過許多不同的互動關係表現出來，這樣的人容易對同事和下屬發怒，也會對妻子兒女專制，認爲所有地位身分或輩分較低下的人都應該聽命行事，順從自己。

由此可見，隨便向人發怒，絕對是一種不尊重且不講文明禮貌的行爲，無論產生的原因爲何，都應該設法改掉。

●不要任意為他人取綽號

綽號就是外號，依據每個人的特點而產生。

綽號象徵的涵義各有不同，例如稱英國前首相柴契爾夫人爲「鐵娘子」，是帶有褒意的美稱，類似的綽號會讓所有人都樂於接受。相對的，如果是帶有侮辱性的綽號，那就會讓人心生不悅。

有的綽號源自人天生的生理缺陷，例如「矮子」、「肥豬」、「黑鬼」等等，就相當不雅。爲他人取這樣負面的綽號，無異於揭別人的短處，對當事人造成心理傷害，無異於人格的侮辱。

若是有人替你取了不當的綽號，不妨平淡以對，不予理睬或一笑置之，如此可以避免繼續流傳，將傷害減低到最小程度。

● 不要惡語傷人

惡語，是指那些骯髒污穢，意在奚落挖苦的語言。

良言一句三冬暖，惡語傷人六月寒。惡言中傷是最不道德的行爲，對自己、對他人都不會有任何好處。

說話時，絕對要注意所運用的言辭和口氣，盡可能避免給人粗野的感覺。輕蔑粗魯的語氣使人感受到侮辱，驕橫高傲的態度使人與你疏遠，憤怒粗暴的表現則有可能將事情的演變導向不好的方向。

語言是人與人交流思想、資訊和情感的工具，所以應審慎應用，千萬不要用惡語損及自己與他人的關係。

● 不要嘲笑別人的生理缺陷

生理上存在缺陷的人，一般都較爲內向，交際範圍小，並時常常常感到自卑、失望，與人有隔閡。

這些沉重負擔會使他們格外看重精神性的需要，特別渴望眞誠的友誼、尊重、信任和感情。同理，當受到別人的嘲笑、冷落或不信任、不公平對待時，也更容易引起委屈、哀怨等情緒。

與正常人相比，生理上有缺陷的人會碰到更多、更大的困難，來自許多方面，包括學業、工作、日常生活以及職業等等。

對待這樣的人，需要付出更大的關心、幫助、支援和鼓勵，他們在感動之餘，會以更大的誠意回報。

透視他人舉止，以利人際相處

在交談過程中，如果對方動不動就翻看自己的記事本，表明他在暗示你，希望你儘快簡單明瞭地說明來意。

與別人互動的同時，適時運用一些小技巧，表達尊重對方立場的態度，無形之中就會讓彼此之間的交流愈來愈順暢。

與人交流往來時，一定要嚴格要求自己的舉止，避免出現以下行爲。

1. 做人太虛偽

與爲人虛僞的人交往，常會讓人擔心受騙上當，沒有安全感，讓人難以相信他。這種人只關心自己，不關心他人，把個人利益看得至高無上，凡事斤斤計較、患得患失、損人利己，爲了個人的蠅頭小利可以放棄他人、集體的巨大利益。

私心太重的人必然缺乏吸引力。

2. 挫傷別人自尊

常常挫傷別人的自尊心的人，不會有和諧的人際關係，因爲破壞了他人社會心理需求的滿足，自然讓人討厭他。

3. 報復心強

與報復心強的人交往，使人產生壓力，常常擔心稍有不慎就會遭到報復，心理上很緊張，因此自然疏遠他。

4. 嫉妒心強

妒嫉別人，企圖剝奪別人已經得到的物質和精神的需要，這種心理一旦表現出來，就會引起別人的反感。

5. 猜疑心重

人們往往感到與猜疑心重的人難以眞誠坦率地交往。這種人心眼小，敏感多疑，難以讓人親近。

6.苛求別人

喜歡吹毛求疵、苛求於人、使人不快的人，常常令人自尊心受挫。解除不快的辦法，就是遠離這種人。

7.驕傲自大

恃才自傲、目中無人、習慣自吹自擂的人，當然使人心生嫌惡，不願意接近，將會嚴重地影響人際之間的交流。

另外，對方的某些舉動，往往暗示著與你交流時的心情。因此，也必須注意對方的行爲表現，作爲自己下一步行動的參考。

1.談話的中途不斷插嘴

一般情況下，說服別人總是一鼓作氣地進行方能有效。

假如在你正說得起勁時，對方不斷地插話，打斷你的話頭，會破壞語言表達的效果，同時也說明對方情緒有些煩躁，此時你該考慮停止說話，或轉移話題。

2.故意裝糊塗

人們在交談時，爲了瞭解對方是否眞心聽清楚了，總會在談話告一段落時，問上一句：「怎麼樣？我這樣說你聽懂了嗎？」

如果你覺得自己說得非常明白，連小孩子都能懂的話，對方卻故意裝作聽不明白：「我還是不懂，你到底想說明什麼啊？」這種故作驚訝和不明白，給人的感覺是他對你談的問題漫不經心、缺乏興趣。

是否該再重複一遍，就看你的耐心程度和是否希望繼續與他交往下去，如果都不是，最好結束談話，越快越好。

3.左顧右盼

交談時，不停地左顧右盼，來回移動自己的視線，或者用手摸摸辦公桌上的東西，說明聽話人已經很不耐煩，希望你能及早結束談話。

4.不斷地看錶

當你正談得津津有味時，對方卻不時地把目光停留在自己或者你的手錶上，或者不停地看壁上的鐘，這種神情表明對方已感到時間難捱，如果他再說上一句：「這樣吧，讓我回去再重新考慮一下。」顯然他要送客了。

5.時常翻動自己的記事本

在交談過程中，如果對方動不動就翻看自己的記事本，表明他在暗示你，他下一個行程已經安排了，希望你儘快簡單明瞭地說明來意。

這時，你最好縮短你的談話。

6.經常離開座位

倘若你和對方談話時，他經常找藉口離開座位，這表示他並不重視你的存在，或者不喜歡你的談話，此時你可以根據自己的情況適時打住。

7.故意自言自語

在兩個人談話當中，如果有一方「顧左右而言他」，有一句沒一句地自言自語，那麼，另一方就可明白他對這個話題毫無興趣，漠不關心。

此時，說話的一方應該起身告辭。

用科學方式解決一切情事

每個人都必須用科學方法思索一切事件，如此一來，將會免除一切爭執，使對方像你一樣公正、開朗和心胸寬廣。

希歐多爾．羅斯福入主白宮主持美國政務的時候，他承認他只有七十五％的事情是辦對的，不過已經達到他所希望的最高點了。

假如這是二十世紀傑出的人物所希望達到的最高百分比，那你和我又怎樣？

假如你能保證達到五十五％的成功率，就可以進入華爾街，每天賺取百萬的利潤，坐私人遊艇，過豪華的生活了。

但是，相對的，假如你自己都不能保證可以達到五十五％的成功率，又怎麼能責怪別人的錯誤呢？

你當然能夠批評一個人的錯處，但是否也能間接逼使對方同意你的觀點？

這麼做，等於打擊了他的智慧、打擊了他的判斷、打擊了他的勇氣、也打擊了他的自尊心，難免要遭到他的反擊。此時，即使你用柏拉圖或康德的哲學或邏輯學去說服他，也很難扭轉他對你的反抗，因爲你已經對他造成傷害。

因此，與人交談時，永遠不要這麼說：「我證明給你看！」這種強勢作風等於是說：「我比你高明，在我舉的一兩個事例面前，你會改變你的主張。」

這是一種挑戰、尋釁的行爲，只會激起對方的反對，使對方甚至在你還沒有把話說完時就與你發生爭執。

即使在和諧的環境裡，要改變一個人的心意，也是相當困難的。

爲什麼困難？爲什麼使你感到棘手？

因爲，人都有逆反心理。在你要證實某件事之前，別讓人知道你的意圖，先悄悄地、精細地去做，不必四處嚷嚷。

就像吉思特菲爾德對他的兒子所說的：「人們總是要受到教訓的，但不必你代勞，未經提到的事，也等於遺忘。」

假如你想比別人做得聰明些，大可不必宣揚出去。

「讓事實來檢驗一切」，科學家就是這麼做的。

著名的探險家和科學家史蒂芬遜，在北極圈探險了十一年，有六年的時間除了吃水和肉之外，什麼也沒有。有人問他如何去證實這些實驗，他說：「科學家永不試圖實證某事，卻要試圖找出事實。」

每個人都必須用科學方法思索一切事件，這麼做，除了自己以外，不會受到任何人的干擾。如此一來，將會免除一切爭執，使對方像你一樣公正、開朗和心胸寬廣，也會使對方意識到，自己也許是錯的。

亂拍馬屁，小心被踢

拍馬屁要有些技巧，沒有三兩下子可不能亂拍。拍錯了地方，不但話收不回來，人也會被馬踢得連翻幾個觔斗，可就出醜啦！

拍馬屁並不見得都是壞事，有時還是人際關係的潤滑劑，但是要拍得讓人舒服又不覺得肉麻，就有點學問了。

想拍馬屁，就要拍得精、拍得高明，巧妙之處在於輕輕地拍，巧妙地拍，拍得不臭不響，讓人覺得舒暢又開心。

如果練不好這種功夫，反而將別人的雞皮疙瘩拍落了一地，或是一不小心拍到馬腿上，惹得馬兒狂飆，還不如不拍！

有「太陽王」美譽的法國國王路易十四，平日喜歡寫詩自娛。有一次，路易十四寫了一首情詩，左看右看總覺得不是很好，這時，剛好元帥格拉蒙來晉見，他就將這首詩交給元帥。

他對元帥說：「格拉蒙，我覺得這首情詩寫得不好，你認為如何呢？」

格拉蒙很快看了看這首詩，隨即附和路易十四說：「誠如陛下所說的，這首詩簡直糟透了。」

路易十四一聽，扯著嘴角笑了笑說：「寫這首詩的人一定是個笨蛋。」

「是啊！絕對是個笨蛋。」格拉蒙在一邊附和。

路易十四正了臉色慢慢地說：「噢！謝謝你，其實這個笨蛋就是我。」

大元帥一聽臉色大變，馬上紅著臉說：「陛……陛下，讓我再看一遍，我剛才只是隨便瞧，沒有仔細看。」

馬屁拍得不巧妙還不要緊，最慘的是用力一拍，竟然拍到了人家的傷口處，讓人疼得哇哇大叫。

在不清不楚、模模糊糊的情況下，還是別逞強，省得一巴掌拍下去，反而激怒了馬兒，讓馬蹄給踢得四腳朝天！

政治人物難免需要新聞界的配合來宣揚他的理念。法國的政治家塔雷朗在一個宴會裡遇到了新聞界的權威人士威廉．柯貝特，為了與他建立良好的關係，便嘻嘻哈哈地說些笑話，攀點兒交情。

兩人說了一會兒話之後，塔雷朗忽然討好地對柯貝特說：「您是從牛津還是劍橋大學畢業的？」

他本來的用意是誇對方的學問好，必然系出名校，但是他並不知道柯貝特根本就沒有受過什麼高等教育，之所以成名，全是靠著自己的努力得來的。

這下馬屁可拍到馬腿上了，正觸痛了柯貝特的心事。

只見柯貝特笑臉一收，眉毛一揚大聲回答：「我可不是鱒魚，你再怎麼丟魚餌，我也不會上鉤的！」

不管稱拍馬屁爲恭維、迎合或是妥協，主要目的就是想要藉由這種方式，尋求最佳的溝通切入時機，讓雙方產生共識。

藉由這種表達方式，可以激發對方的好感，使得良好的對話氣氛得以延伸。有時候，眼見雙方就快要起爭執的時候，及時岔開話題恭維對方一番，也可以有效轉移目標，消除火藥味。

拍馬屁就像是調製一杯雞尾酒，覺得太辣了，就加上點兒甜酒；覺得有些淡，就加上點兒白蘭地。

必須注意的是，拍馬屁要有些技巧，沒有三兩下子可不能亂拍。

馬屁拍得生硬了，讓人覺得莫名其妙；拍得太明顯了，又讓人噁心；要是搞不清楚狀況，拍錯了地方，那就更慘了，不但話收不回來，人也會被馬踢得連翻幾個觔斗，可就出醜啦！

送禮必須送進心坎裡

禮物的價值不是以金錢的多少來衡量的，而是以禮物本身的意義展現它的價值。選擇禮物時要力求別出心裁，不落俗套。

送禮既然是一門藝術，自然有著約定俗成的規矩。送給誰、送什麼、怎麼送都有奧妙之處，絕不能瞎送、胡送、濫送。

根據古今中外一些成功的經驗和失敗的教訓，起碼我們應該注意下述原則。

1. 禮物輕重得當

一般來講，禮物太輕，又意義不大，很容易讓對方誤解爲瞧不起他，尤其是對關係不算親密的人，更是如此。

但是，禮物太貴重，又會使接受禮物的人有受賄之嫌，特別是對上司、同事，更應注意。除了某些愛佔便宜的人外，一般人就很可能婉言謝絕，或即使收下，也會付錢，要不就是日後必定設法還禮，這樣豈不是強迫人家消費嗎？如果受禮人家中不甚寬裕，無異於給人出難題。

如果對方拒收，你錢已付出，留著無用，只是徒生許多煩惱，花錢找罪受，又是何苦呢？因此，禮物的輕重選擇以對方能夠愉快接受爲尺度。

2.送禮間隔適宜

送禮的時間間隔也很講究，過於頻繁或間隔過長都不合適。

送禮者可能手頭寬裕，或求助心切，便經常大包小包地送上門去，有人以爲這樣大方，可以博得別人的好感，但細想起來，其實不然。

如果受禮者是愛佔小便宜的人，他當面會說你好話，說不定暗地裡妒忌你的大手大腳，背後說你壞話。正派的人，雖不會說什麼，卻可能會懷疑你這樣大方是為了達到某種目的，不再與你深交。另外，禮尚往來，對方必然還情於你，豈不也增加了他的經濟負擔？

一般來說，以選擇重要節日、喜慶壽誕送禮為宜。既不顯得送禮者突兀虛偽，受禮者收下禮物也較能心安理得，如此才是兩全其美。

3. 瞭解風俗禁忌

送禮前應瞭解受禮人的身分、愛好、習慣，免得送禮送出麻煩來。

有個人去醫院看望病人，帶去一袋蘋果以示慰問，哪知惹出了麻煩。正巧那位病人是上海人，上海話「蘋果」跟「病故」二字發音相同，送去蘋果豈不是咒人病故？由於送禮人不瞭解情況，最後弄得不歡而散。

有鑑於此，送禮時，一定要考慮周全，以免節外生枝。

例如，別人結婚時，不要送鐘，因為「鐘」與「終」諧音，讓人覺得不吉利；對文化素養高的知識分子，送去一幅蹩腳的書畫就很不識趣；送伊斯蘭教徒有豬的形象作裝飾圖案的禮品，可能會被人轟出來；送義大利人菊花，送日本人荷花，送法國人核桃，都會引起外賓的反感，切莫做此傻事！

4. 禮品要有意義

禮物是感情的載體。任何禮物都表示送禮人的特有心意，或酬謝，或示賀，或孝敬，或憐愛，或情愛等等。所以，選擇的禮品必須與你的心意相符，並使受禮者覺得你的禮物非同尋常，備感珍貴。

最好的禮品是根據對方的興趣愛好所選擇的，富有意義或者是耐人尋味的小禮品。比如，爲住院的朋友送去一束鮮花，定能使他心情愉快，增強戰勝疾病的信心；爲遠方的同窗寄一冊母校的照片，定能喚起他對學生時代的美好回憶；爲愛好文學的朋友送上一套名著，必然使他欣喜若狂，愛不釋手；送給心上人一條漂亮的絲巾，她必會含情脈脈地依偎在你的懷中。

禮物的價值不是以金錢的多少來衡量的，而是以禮物本身的意義展現它的價值。因此，選擇禮物之時要考慮到它的藝術性、趣味性、紀念性等多方因素，力求別出心裁，不落俗套。

做人謙虛，更能掌控大局

越是才華出眾的下屬，越是應該慎重地處理與上司的關係。好比越是高大的樹木，越是應該埋下頭來，才不至於被風吹折。

做人處世最需要注意的是，不可恃才傲物。

恃才傲物的人，就代表不會善待自己的才能，往往與別人的關係十分緊張。這不但為自己帶來諸多不利，有時甚至招來殺身之禍。

三國時，在曹操軍營中擔任主簿的楊修，才華橫溢，思維敏捷，但由於他恃才傲物，屢犯曹操大忌。

有一回，塞北有人送給曹操一盒酥餅，曹操在盒上寫下「一合酥」三字，便放在一邊。楊修看見後，隨即招呼眾人把這一盒酥分吃了，並解釋曹操的意思是「一人一口酥」。楊修雖然猜透曹操的心思，但讓曹操怎麼下得了台？

類似的事還重演了幾次，楊修一而再再而三地在人前賣弄自己的小聰明，終於，在又一次猜到了曹操要退兵的心思，到處散佈退兵言論時，被曹操以「擾亂軍心」的罪名處死了。

楊修爲什麼會死？原因很簡單，就是因爲他處處顯露自己的才幹，不懂尊重上司，爲上司護航，更不願夾著尾巴做人。

古語有言：「木秀於林，風必摧之；堆出於岸，流必湍之；行高於人，眾必非之。」爲人要謙虛誠懇，不可鋒芒畢露，盛氣凌人，要避免功高蓋主，名高欺主。越是才華出眾的下屬，越是應該慎重地處理與上司的關係。好比越是長得高大的樹木，越是應該埋下頭來，才不至於被風吹折。

恃才傲物的人，由於很難與上司融洽相處，因此也很難做出什麼業績來，往往最後陷入孤獨，不受同事們的歡迎。因此，造成人固有才，卻難得重任的情況發生，最後只能是碌碌無為，沒有什麼傑出的發展。

為人處世除了要避免恃才傲物之外，也要懂得靈活機巧的做事方法。「只問耕耘，不問收穫」在今天似乎有些行不通了。越是「只問耕耘」的人，就越容易隱沒在人群中，上司根本無暇看到他們，對他們的表現與才能可能瞭解得不多、不深、不夠，評價自然就偏低些。做個沉默者，往往便只有吃「虧」的份。不少人的確才華出衆，踏實肯幹，但上司卻並不認為他們多有才能，原因就在於這些人不善於表現自己，溝通能力差。

那種自鳴得意、沒做成多少事卻嚷得全天下都知道的人，上司往往棄之不用。然而，不講求策略，只知盲目地做苦工的人，也不會有多少升遷機會。最好的方式是要心明似鏡，樹立起明確的目標，然後適時表現，努力拼搏，並且該糊塗時就糊塗些，表現出「大智若愚」的氣度，上司自然會看出這一點。

善用談判技巧，最能達到成效

隱瞞自己的意圖，一旦摸清了所有情況，便一鼓作氣制定詳細的方案，突然出擊，取得了談判的最後勝利。

日常生活中，我們無可避免地會就某些事情進行談判。

與上司討論自己的薪資問題、與房東談論租房事宜等等，這些都涉及談判。

談判桌上的高手，往往精於使用謀略，使談判達成有利於自己的某種協議。

日本一家公司與美國某公司進行技術協作談判，談判開始，美方代表便拿出各種技術數據、談判專案、開銷費用等一大堆東西，滔滔不絕地發表意見，完全不顧日本公司代表的反應。

日本公司的代表則一言不發，只是仔細地聽並埋頭記錄。當美方單獨講了幾個小時之後，徵詢日方代表的意見時，日方代表裝作迷惘的樣子，反覆說「我們沒準備好」、「我們事先未確定技術資料」之類的話。

第一輪談判就這樣不明不白地結束了。

幾個月後，日本公司以前次談判團不稱職為由，撤換了談判代表，另派代表團到美國參加第二輪談判。

這些代表不知前次談判的結果，一切和前次談判一樣，日本人顯得在這個項目中準備不足，技術基礎薄弱，信心不足，最後以還得回總公司討論為由，結束了第二輪談判。

接著，日本公司又如法炮製了一次談判，使得美國公司老闆大為惱火，認為日本人沒有誠意，輕視該公司的技術力量，下了最後通牒：如果半年後日本公司仍然如此，兩國公司的合作將取消。隨後美方解散談判代表團，封閉所有的技術資料，等待半年後的最後一次談判。

哪料想到，幾天以後日本就派出由前幾批談判代表團的首要人物，組成龐大的談判團飛抵美國。

美方在驚愕之餘倉促上陣，匆忙將原來的談判團成員召集起來。

這次談判日本人一反常態，帶來大量可靠的資料，對技術、人員、物品等有關事項都做了相當精細的策劃，並將協議書的擬稿交給了美方公司的代表簽字。

這次行動讓美國人迷惘了，最後勉強簽了字，當然，協議書所規定的某些條款明顯傾向於日方。事後，被日本人耍得團團轉的美方代表氣得大罵，說這是日本自「珍珠港」事件之後的又一次勝利。

顯然，精明的日本人在這場談判中利用瞞天過海之計耍了花招。

前幾次談判，日本人裝出準備不足的樣子，隱瞞自己的意圖，實際上是在瞭解美方的計劃。一旦摸清了所有情況，便一鼓作氣制定詳細的方案，最後在美國人放鬆警惕的時候，突然出擊，取得了談判的最後勝利。

克服緊張情緒，行事才能順利

告訴自己：「我緊張、不安，對方也會與我產生同樣感覺。」這樣，你的心理會坦然些，也會增加勇氣。

與人交涉、溝通、談判的過程中一定要避免緊張，緊張只會壞事。以下是克服緊張情緒的技巧。

1. 一開口聲音宏亮，就不會怯場。
2. 服裝方面，穿著較正式稱頭的衣飾，可以增加自信心。
3. 交涉之前，如果遇到不愉快的事，要利用很短的時間，使自己的心情轉為愉快。比如，到書店翻看喜歡的雜誌、看幾則笑話，大笑一番；逛逛附近

的百貨公司，欣賞悅目的商品等等。

4. 對手可能使你怯場時，設法提早談判的時間。

5. 以輕快的步伐走到會場，心情會輕鬆許多。

6. 提早到達會場，心理上就不會那麼畏畏縮縮。

7. 保持眼睛的高度跟對方齊等的地步，精神壓力就會減輕不少。

8. 交涉場所最好選擇自己熟悉的地方，如果辦不到，至少也要選擇雙方都不熟的地方，讓雙方的立足點相同。

9. 遇到可能使你畏縮的對手，說話的時候要緊緊地注視對方的眼睛。

10. 把關鍵問題提早說出來，緊張感就會緩和。

11. 怯場時坦白向自己承認：「我有點怯場了，真不像話！」只要意識到了，就不再那麼緊張。

12. 如果你感到在氣勢上已被對方壓倒時，不妨拿出一張紙胡亂塗寫。這一辦法有兩個作用，一是由於隨意胡亂塗寫，手指頻動之時，自己的緊張感能夠緩和；另一項作用是可以攪亂對方心理，分散其注意力。

13. 交涉之前想些自己的優點和成就，就會產生信心。
14. 告訴自己：「我緊張、不安，對方也會與我產生同樣感覺。」這樣，你的心理會坦然些，也會增加勇氣。
15. 告訴自己：「我的對象與我一樣，不過是個平凡的人。」這樣就不會被對方的社會地位或頭銜嚇住。
16. 為了防止談判突然中止的時候發生尷尬氣氛，事先要帶些資料、備忘錄之類的東西，以便隨時可以若無其事地翻看。
17. 忽然被對方提出的問題難住，一時無法回答的時候，要立刻反過來問對方相關的另一個問題。
18. 發現自己說錯了話，就立刻在腦子裡想起與此全然無關的事情。
19. 發現自己很緊張，就使所有動作緩慢下來。

輯 5

勢利，只會破壞自己的聲譽

能夠絲毫不帶勢利觀點對待窮親戚的人，
就能夠在社會上真正長久受到尊重，
才是長久有所作為的人。

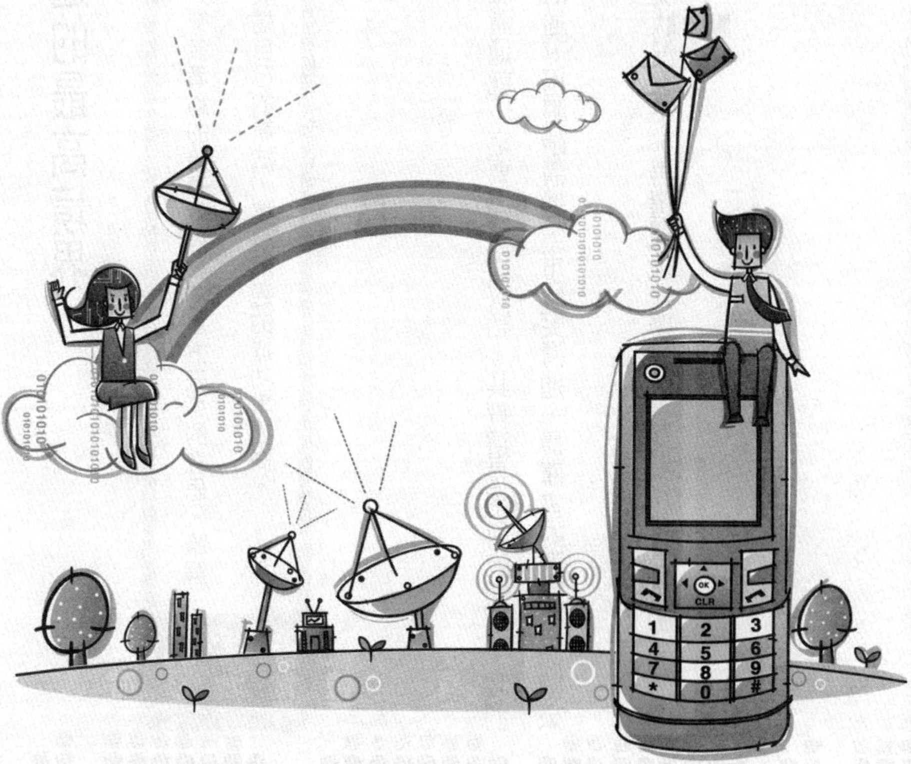

傾聽才是溝通的最高境界

「傾聽」是與人交流溝通的最高境界，將對方表達的意思，瞭解清楚之後，才表達自己的看法，這種溝通的成功率極高。

經常有人誤以爲交流溝通就一定要靠嘴巴說話，其實這是不對的觀念，我們可以用筆溝通、用肢體溝通、用眼睛溝通、用微笑溝通，最厲害的則是用傾聽來溝通。

當然，得要看在什麼狀況之下，再選擇用什麼方法溝通。如果你是團體的領導人，那就更要懂得這一點。

有一個青年去找哲學家蘇格拉底，想要向他學習演講的技巧。青年一見到蘇格拉底，就滔滔不絕地介紹自己的理想和抱負。好不容易等他說完了，蘇格拉底才說：「要教你演講可以，但是我要收兩倍的學費。」

青年一聽，覺得很奇怪：「為什麼教我要收兩倍的學費呢？」

「喔，」蘇格拉底看了看青年一眼，「因為我得教你兩門學問，一是教你怎麼開口，二是教你怎麼閉嘴。」

曾經有個學生問哈佛大學的名教授查理斯．柯布蘭：「學校為什麼不開會話的課程？我想要學會話的藝術，有什麼好辦法嗎？」

教授馬上回答：「當然有辦法。你只要靜下心來聽，我就告訴你。」

學生點點頭。但是等了好久，柯布蘭都沒說話。

學生忍不住說：「教授，我在聽。」

聽到這句話，查理斯．柯布蘭教授很高興地回答說：「你看，你不是已經學會了會話的藝術了嗎？」

個性獨裁跋扈的人，往往只專注於意見的表達，不懂得傾聽的藝術。當他說話告一段落沉靜下來，似乎是在聽別人的意見，但是一開口卻根本接不上別人的話。原來，他中止的時候，還是在想下一句要說什麼。

「傾聽」是與人交流溝通的最高境界，眞正的傾聽不但是要用耳朵聽，還要用心去聽，眞正能夠將對方所表達的意思，瞭解得清清楚楚之後，再經過腦袋客觀地分析、研判。一旦思考有了結論，才運用說話的技巧妥當表達自己的看法，這種溝通的成功率極高。

世界知名的大音樂家李斯特，在俄國巡迴演出時，應沙皇之邀到克里姆林宮演奏。沒有想到，就在演奏進行當中，沙皇不但很傲慢地躺在沙發上，還不斷和旁邊的人聊天。

李斯特氣極了，根本沒有心情好好地演出，瞪了沙皇一眼。可是，沙皇一副

毫不在乎的樣子，依然不斷講話。

李斯特雖然憤怒，可是臉上仍保持著一副平和的樣子。他一言不發地蓋上琴蓋，中止了演出。

沙皇見了覺得很奇怪，叫侍從去問音樂家為什麼不演奏了。李斯特故意提高音調，但是仍然溫文有禮地大聲回答：「喔！沒什麼，只不過大家都在聽陛下說話，我也應該靜下來，不要打擾陛下說話。」

沙皇一聽，尷尬地笑了笑，停止了說話，等到了大廳一片靜寂之時，李斯特才又打開琴蓋，若無其事地繼續演奏。

勢利，只會破壞自己的聲譽

能夠絲毫不帶勢利觀點對待窮親戚的人，就能夠在社會上真正長久受到尊重，才是長久有所作為的人。

有一些人在富貴親戚面前表現得唯唯諾諾、畢恭畢敬、低三下四，在貧賤親戚面前卻顯得趾高氣揚、不可一世。

現實生活中，有不少人與親戚之間的親疏程度是以貴賤貧富而論的，「貧居鬧市無人問，富住深山有遠親」，正反映出這種情況。

必須留意的是，親戚之間的交往帶著濃重人情味，如果受金錢、地位的影響，親戚關係必定會變得不正常。

社會地位低下、經濟收入少的親戚要自尊自重，不能爲了從富貴的親戚那裡沾上光得到好處，就想方設法地逢迎巴結，失去了人格。

不論富貴貧窮，在人格上都是平等的，不能以貧富區分尊卑。因此，在與富裕的、有地位的親戚交往時，儘量保持自己的人格尊嚴，珍重自己。生活上遇到困難，要依靠自己去克服，萬萬不可作賤自己，把自己擺在乞求者的地位。

相對的，對社會地位、經濟條件較高的人而言，親戚之間的交往，要平等相待、一視同仁。逢年過節，你來我往，互相應酬，不可厚此薄彼，招待窮富親戚都要一樣熱情。婚喪、喜慶，眾多親戚聚會，讓座敬茶，宴請吃飯，入席敬酒，先後順序只能根據年齡輩分來處理，不能以貴賤貧富來決定。

能夠絲毫不帶勢利觀點對待窮親戚的人，就能夠在社會上眞正長久受到尊重，才是長久有所作爲的人。

富貴的人可能常有一些窮親戚上門來請求物質上幫助；有地位的人則少不了

有人找上門來請求幫助辦事。一般說來，親戚有難處來求助，應當熱情接待，表示願意熱心幫助的態度。不能因爲自己的尊貴而怠慢對方，更不應因爲親戚有事相求而表現出厭惡的情緒。

家境較爲富裕或者有地位的人應尊重別人，切莫顯示出一副財大氣粗、盛氣凌人的樣子。尤其在與窮親戚或社會地位較低的親戚交往時，應注意尊重他們的人格，以免破壞自己的聲譽和人際關係。

窮親戚或社會地位較低的親戚一般比較自卑，對富親戚或是社會地位較高的親戚的一舉一動都很敏感，如果言行稍有不周，便會引起他們的不快。

富親戚與親戚交談時，要格外認眞地傾聽，不能東張西望、漫不經心、應付了事，更不能自視清高，小瞧對方，不尊重對方。

總而言之，對待窮親戚更要注意人情世故。

面對鄰居的家務事，要冷靜處理

調解鄰居家庭內部的矛盾要表現出誠意，敷衍了事的神情和搪塞應付的語言，都會使對方大失所望，甚至產生反感。

自古以來，家庭就是人們安身立命的基本群體。一個人從生到死都離不開家庭，一個人一生接觸最多的莫過於家庭成員了。

人們常常用「天倫之樂」來形容家庭生活，然而，小小的家庭若遇到一點風波，便會爲生活帶來許多痛苦。

另一半生氣了，怎麼辦？孩子不聽話，還頂撞，怎麼辦？

最大的難處還不在心煩事件本身，而在於有些心煩事不能對外人吐露，家醜不可外揚嘛。正是由於人人都明白這一點，所以，人們往往對他人家庭內部的問題多半採取不干預的明智態度。

不過，「家醜」也有外揚的時候。有時候，家庭內部矛盾是不自覺地傳出去的，比如，夫妻在家爭吵，讓外人聽到了。

這也不是奇怪的事，家中發生矛盾，又無法在家中找到消氣的地方，很可能找鄰居或好友，將自己在家中遇到的苦惱一股腦倒出來。

在這種情況下，「不干預」的態度恐怕不好堅持了。鄰居來傾吐心中的苦悶，是對你的信任，怎能一言不發呢？

如果要發言，又應該說點什麼，注意什麼呢？

首先，應該使對方能夠盡快消氣。氣消了，頭腦冷靜了，事情就好辦。其次，自己的頭腦也要保持清醒冷靜，切莫捲入對方高漲的情緒中去。

訴苦的鄰居，免不了振振有詞，事事在理，可是你不能忘了這畢竟只是一面之詞，不可不信，也不可全信。因爲，清官難斷家務事，家庭裡的問題許多都是「一個巴掌拍不響」的事。

另外，還應考慮到，鄰居是在情緒激動時講的，假如冷靜下來，也許會把「家醜」外揚一事感到後悔。

因此，勸說的時候應該適可而止，不要用過激的語言，要留有餘地，最好不要主動打聽矛盾發生的原因。

調解鄰居家庭內部的矛盾要表現出誠意，敷衍了事的神情和搪塞應付的語言，都會使對方大失所望，甚至產生反感。

當然，如果你在鄰居心目中的威信很高，得知鄰居家庭內部發生矛盾時，可以主動前去幫助調解。由於信任，他們是不會排斥的，甚至會感到「多虧你來了」，你的到來，能夠大大緩解他們的尷尬和對峙的局面。

規勸他人的爭吵，也要講求技巧

勸架猶如解繩結，先要看清繩結的形狀，找到結繩的方法，才能一步一步解開。

謹慎而恰當地與週遭的人保持良好的應對關係，是現代人平時就應該注意的細節，學點處世心理學，讀懂人情世故，更能幫助自己脫穎而出。

左鄰右舍之間發生矛盾衝突，是時常發生的事，有時還可能因爲矛盾激化而吵嘴打架。面對那些激憤異常的吵嘴打架，該如何對待？是袖手旁觀看熱鬧，還是挺身而出去勸架？如果要去勸架，怎樣才能勸得恰當有效？

爲了維持和發展良好的人際關係，遇到吵嘴打架的事，不應隔山觀虎鬥，應該挺身而出去勸架。但要想取得勸架的最佳效果，必須注意下列「三清」。

1. 要摸清情況

不瞭解吵架的原委底細，盲目勸架，講不到重點上，非但無效，有時還會引起當事人的反感，嫌你「不瞭解情況就胡說八道」。

如果在勸架前，打聽一下情況，或先側耳靜聽一下雙方吵罵的焦點是什麼，把情況弄清楚了再去勸架，效果就會比較好。

對鄰居複雜的爭吵原因，更要從正面、側面詳盡地把情況摸清楚，力求把勸架的話講到當事人的心坎上。如果盡講些隔靴搔癢的話，不過是些無用的空話、大道理，是誰也不會理睬的。

勸架猶如解繩結，先要看清繩結的形狀，找到結繩的方法，才能一步一步解開。想要解除人們心上的疙瘩，也必須先把疙瘩看清看透。

2. 要分清主次

引起吵嘴打架的原因有主次之分，吵架雙方也有主次之分，解決矛盾也有主次之分。勸架的人必須分清主次，絕不能平均使用力量。

如果能把引起吵嘴打架的主動一方找出來，就比較容易平息糾紛。

如果看到被動的一方好勸、聽話，就把功夫下在次要方面，即使很快把他拉開了、說動了，主動一方還在挑逗不休，被動的一方也會繼續激而迎「戰」，這樣勸架的效果就不會很好。

3.要說清道理

勸架的時候要分清是非，不能毫無原則地「和稀泥」，不分是非地各打五十大板，以爲「一個巴掌拍不響，兩個巴掌響叮噹」，籠統地把雙方都批評一番，這種方式並不能解決問題。

只有勸得十分公正，分析十分中肯，批評十分恰當，才能勸得雙方口服心也服，才會取得很好的效果。

當然，勸架時不要以爲找到激化矛盾的主要原因，就可以任意勸說批評。要想取得良好效果，還必須注意當時的氣氛，說話要注意方式方法，語氣要和緩，措辭要適當，說得婉轉動情，使對方容易接受。

人在吵架時心中有火氣，嘴上沒好話，一般聽不進勸告。因此，勸架時千萬不要糾纏於吵架人的某些過激言詞，而要多用委婉的語言，並且注意不要觸及當事人的忌諱而火上添油。

有時還可以說幾句風趣幽默的話，緩和雙方的緊張氣氛，使得吵架的人想發火也發不起來，自然也會偃旗息鼓。

當然，在某些特殊情況下，如吵架的雙方矛盾白熱化，甚至拿刀動槍來眞的時，就該用高聲大喝，猶如猛擊一掌，使當事者清醒，阻止他們下手。可以大喊：「不準打人！」「把棍子放下！」等等。

這樣大喝一聲，容易使當事人清醒，緩和氣氛，阻止事態進一步發展。

掌握與異性相處的安全尺度

無論做任何事情，下任何決定，都應該用體貼的心去思考對方的難處，避免造成困擾，強人所難。

懂得尊重，才是一個成熟的人。尊重是一種現代人應當具備的修養，透過言談舉止，確實落實在與每一個人的互動、交往上。

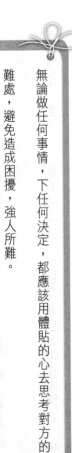

與異性相處，更要抱持著尊重態度，並且遵循以下的四個原則：

• 不要亂開玩笑

人們在相互交往中，免不了彼此開點小玩笑，爲了融洽人際關係，溝通情感，也爲生活增添樂趣。

但這些玩笑，就內容而言，有高雅和粗俗之分；就其動機而言，也有善意和惡意之別。無論男女，相信誰都不樂意聽見粗俗且飽含惡意的玩笑。

但也有一種狀況，就是你明明不覺得自己說錯了什麼，卻讓對方勃然大怒，覺得受到冒犯，這是怎麼回事呢？

道理很簡單，就是因爲你開的玩笑已經失當，在不知不覺中觸及對方的忌諱或者心結，引起對方憤怒或煩惱。

關於這方面的眞實例子可說不勝枚舉，只要稍加回憶，相信你必定可以從自己過往的生活中得出許多經驗。

某些玩笑，如果對象是男性，或許不會惹什麼麻煩，但倘若針對女性，就可能導致難以預料的後果。凡是涉及年齡、長相、身體、衣著、心態、人格……乃至一切可能損及自尊心的話題，都應該小心謹慎，儘量避免觸及。

凡是人都有自己的忌諱，因此在與人交談的過程中，特別是和異性交談，應避免口無遮攔，觸及引人不快的話題，自找麻煩。

• 不要觸痛傷疤

在漫長的人生旅程中，每個人都難免會經歷一些挫折、痛苦和不幸。每當回想起這些往事，當事者內心難免會感到傷痛。

將心比心，如果你已經知道身邊的異性曾遭遇一些變故，無論是來自家庭、婚姻、事業，或者其他種種，都應該要極力避免有意或無意的觸痛，以免引起不必要的人際紛爭波動。

• 不要過分熱心

所謂過分熱心，是指超越彼此現有關係的反常行爲，尤其在男性對女性的態度上更要注意，務求拿捏出最適當的距離與尺度。

身爲男性，在與女性同事或友人相處時，過分冷淡當然不好，但是過分熱心，也容易引起不安，招致猜忌。以辦公室爲例，男性職員對女同事的關懷和幫助，必須有所節制，用以下四個因素加以制約：

其一，時間因素。此時此刻，給予這種方式的熱心，是否合適？

其二，地點因素。在這地點、這場合，表示這種方式的熱心，是否合適？

其三，人際因素。接受者本人，或者她的朋友，包括整個團體的風氣與輿論，對於這樣的熱心舉動是否可以接受？

其四，行爲因素。採取這種熱心行爲有沒有必要？或者可以換個方式？審愼評估後的行動，不但可以有效保護自己，避免很多不必要的麻煩。

• 不要強人所難

強人所難，是一種缺乏修養、不講禮儀道德的行爲。

無論男女都應該明白，異性和自己在許多方面的行動、想法、考量點是不一樣的，或許導因於先天生理機制的不同，或許是後天環境與責任的不同所造就。

因此，無論做任何事情，下任何決定，都應該用體貼的心去思考對方的難處，避免造成困擾，強人所難。

如何踩著同事的肩膀往上爬

你能不能踏著同事的肩膀順利往上爬，全看你是否平常就牢牢掌握了同事的心，這會影響到他們願不願意在關鍵時刻支援你，至少不要扯你的後腿。

科學家牛頓曾經說過：「如果我比笛卡爾看得遠，那是因為我站在巨人的肩膀上的緣故。」

在一家公司或一個團體裡工作，想要順利獲得晉升，你也必須站在同事的肩膀上。首先要瞭解自己目前所處的地位，還要處理好上司、部屬與同事這三者之間的人際關係，並想辦法牢牢掌握部屬和上司的心。

最重要的是，你一定要摸清楚同事們的工作狀況和生活情形，瞭解他們的興趣和願望，和他們保持和諧的關係，才能借力使力，讓自己順著這條渠道，比他們更快獲得升遷。

在公司部門裡，特別是在晉升機會較少的部門，每當有職位出缺，就有許多競爭者為了晉升而勾心鬥角，擠得頭破血流，從來不會靜下心來思考如何利用同事，幫助自己達成夢想。

在職場工作，維持生活開銷和獲得成功的感覺，是上班族最原始，也是最大的目的。因此，在不違背自己價值觀念、不使用權謀詐術的原則下，只要你能牢牢掌握同事的心，想要達成自己的目的，絕非困難之事。

古人說：「讓人三分，為善之本。」如果你平時就能對同事表現這種寬大的胸懷，設法去瞭解他們的心思，盡力幫助他們達成目標，那麼，這些同事就會變成你最佳的墊腳石，升遷的時機一到，你就能捷足先登，踩著他們的肩膀往上往上跳，比其他人爬得更高更快。

在等待升遷的時候，爲了要讓這種可能性更加篤定，平常你就必須讓週遭的同事公認你有資格成爲他們的新上司。再說，要讓他們日後心甘情願爲你效勞，也必須使他們對你的爲人處事心服口服才行。

一般而言，人事單位在考慮是否由你晉升之前，會先徵詢其他同事的意見：「你們認爲他適當嗎？」

同事們表達的意見，或許不會直接左右人事單位的決定，但還是會列入審核的重要參酌資料。假使人事單位所得到的答案是：「要我在他手下做事，門都沒有！」那麼，即使你最後還是晉升了，將來也無法順利地管理你的部屬。

你能不能踏著同事的肩膀順利往上爬，全看你是否平常就牢牢掌握了同事的心，這會影響到他們願不願意在關鍵時刻支援你，至少不要扯你的後腿。

因此，平常就要努力做好同事之間的人際關係，千萬不可疏忽。

交淺言深會成為你的致命傷

只要你繼續給同事們「食餌」，儘量滿足他們的緊急需求，他們就不敢反咬你一口了，因此，無論多忙、多累，你都千萬不要鬆懈了這方面的努力。

想要使求人辦事的過程暢通無阻，平時就要建立良好的形象，和辦公室內的同事保持和諧而融洽的關係。

同時，和辦公室裡的異性交談的時候，應該注意到彼此的性別不同，而採取不同的談話方式。

同性別的同事交談，有時會隨便些，但若是和異性談話，就應該特別當心。

當然，要注意的是男女有別，而並非處處設防、步步爲營。

譬如，辦公新來一位女同事，女性之間就自然會問起年齡、婚姻狀況，但若是男同事一開始就問這些問題，恐怕不僅是女同事本人，其他人也不禁要懷疑這個男同事心術不正了。

女同事與男同事談話時，應該態度莊重、溫和大方，千萬不要言詞輕佻，搔首弄姿，以免爲自己惹來不必要的麻煩。

男同事在女性面前往往喜歡誇大其詞，顯示自己有多大的本事，並愛發表自以爲超人出眾的思想，目的自然是引起對方的好感。對於這些浮誇不實的言語，女性都只能姑且聽之，不要過於相信。如果對方嘮嘮叨叨說個沒完，實在令妳難以忍受，那麼大可藉機打斷他的話。

同一辦公室裡，倘若對方不是交情深厚的同事，千萬不可肆無忌憚地暢所欲言。彼此關係淺薄、交情普通，你卻硬要和他深入交談，是件相當危險的事，有時會替自己招惹一些不必要的麻煩。

因此，在同一個辦公室內，要和周遭的同事搞好關係，談話時要考慮到親疏關係，對於交情普通的同事，大可只談天氣、政治局勢，少談自己的私事，也不要批評公司內部的重大決策；當然，這並不是要你與同事只保持表面上的客氣，平時工作上還是應該互相幫助。

要注意的是，儘量不要與窮極無聊的長舌同事議論別人的是非，更不可盡挑些上司、同事之間的八卦新聞東談西扯，這不但影響同事間的團結，同時也破壞了辦公室裡和諧的氣氛。

同事有時是工作夥伴，有時又是競爭的對手，這種說法雖然有點曖昧與矛盾，卻是不爭的現實。

你不妨明確告訴自己：「同事，就是與自己同時爭奪一件東西的一群人。」如此，你就清楚所謂「工作夥伴」的實際含意。也就是說，同事就是想在一場競爭中超越你的勁敵。

有了這種清楚的認識與定位，你就知道想要獲得同事的支援讓自己升遷，簡直就是一種高超的技巧。

但是，你仍然必須努力去嘗試，因爲，如果只有你才擁有晉升的希望，那麼其他的同事就不得不服從你。

從邏輯和現實層面來解釋，一旦你晉升了，就等於粉碎了他們的升官夢想，所以，他們覺得不愉快是理所當然的事。

另外，就情緒上來說，就像孩子們會嫉妒受到優厚待遇的兄弟姐妹一樣，同事們也會既羨慕又嫉妒你的「幸運」。

因此，如果你一向樂於幫助別人，經常滿足同事們的某些需求，掌握住他們的心思，那麼，他們就會拋開成見，全心全意支援你。

只要你繼續給同事們「食餌」，儘量滿足他們的緊急需求，他們就不敢反咬你一口了，因此，無論多忙、多累，你都千萬不要鬆懈了這方面的努力。

言而有信才受人歡迎

守信對領導者而言更為重要，因為領導者握有一定的權力，影響力遠大於一般人，所以若是言而無信，會帶來更惡劣的後果。

人與人之間的交往講求誠實互惠，更講求言而有信、言行一致，這也是人與人相處之時的基本準則。

語言是人與人之間重要的溝通媒介，如果我們與他人的交際時言而有信，那即便沒有高超的說話技巧，也能獲得他人的尊重；如果失信於人，那即使舌燦蓮花，還是會被對方鄙視。

所以，在與人相處的過程中，必須做到言而有信、言行一致，否則就會被人唾棄，毫無立足之地。

和人交際的一個重要目的是爲了要準確表達出自己的思想、感情、意圖等，因而，當你對別人說「這件事交給我辦好了」時，絕不可以把它僅僅當作應酬語，說完就忘。既然你說了這樣的話，就要努力將事情辦好，讓對方感受到你是守信的。

如果同事因一筆買賣沒有談成，受到你們共同的上司責備時，因爲你知道這件事不能全責怪同事，於是你說：「這件事我會替你向上司解釋的」，說了這話之後，你就要盡最大的努力爲他開脫「罪責」。如果你沒把握能辦好，還不如當初就別答應，以免給人言而無信的印象。

「我實在無能爲力」、「我試試看吧」和「我絕對可以辦到」這三句話表達了三種不同的意義，一定要視自己的實際能力來選擇應該說哪句話。

如果你明顯有能力幫忙卻不願積極提供幫助，或你高估自己的能力而輕易答應別人，又因能力不足失信於人，那麼即使你不是存心欺騙對方，也會引起誤會，甚至影響到彼此間的感情。

因此，如果你答應了別人某件事，就要確實履行，若萬一因爲不得已的原因而無法做到時，也要及早通知對方，並誠懇地表達自己的歉意，盡可能地予以補救。同時，你也不能在失約之後還爲自己做種種辯護，即使在極不得已的情況下失信了，也應該坦白地承認自己的過失和誠懇地向他道歉。

若是失信後又極力辯解，想證明自己毫無過失，那無論自己的理由多麼充分，都很難博得他人的同情與理解。

另外，雖然通過誠懇地向別人表示歉意，有時也能得到諒解，但切不可因此而頻頻失信於人，否則就會成爲大家不願結交的人，進而影響工作與人際關係的發展。

當心被好朋友出賣

不可毫無防人之心！「逢人且說三分話，未可全拋一片心」，這句話雖然是老生常談，卻是人際交往中顛撲不破的一大原則。

在人際交往中，大部分的人都有防人之心，對陌生人充滿戒備和警惕，生怕一不小心就上當受騙，對於一般的泛泛之交也是話到嘴邊留三分。

可是，人往往忽略了，眞正能夠出賣自己，會對自己造成巨大殺傷的人，大多是自己最信賴的朋友。

因爲，大多數人對推心置腹的朋友，不會懷著警惕心理，聚在一起就天南地北無話不說，毫無顧忌地把自己的心思和隱私全盤揭露，一旦朋友之間發生利益衝突，或者反目成仇，你的隱私就會被攤在陽光下，成了你的致命傷。

所以，在實際生活中，我們既要提防騙子，提防小人，提防無賴，更要提防被朋友出賣，特別是自己最親密的朋友。

與朋友交往當然要坦誠相待，但是絕不能坦誠到讓別人一覽無遺的程度。我們應該明瞭，朋友不是聖人，只是充滿七情六慾的凡人，也會有各種人性方面的弱點，人格方面的缺陷，甚至也會有醜陋的貪欲和邪念。

平常，你難以察覺朋友不光明的一面，內心不設防，赤裸裸的坦誠，有時候會招致難以預測的禍果。

生活畢竟是現實殘酷的，而且充滿難以預測的變數。堡壘最容易從內部攻破，人最容易被自己最親密的朋友出賣，如果你把自己最私密的事、最脆弱的部位告訴了朋友，一旦你的朋友變成了你的仇敵或競爭對手，那麼等待你的就是無窮無盡的痛苦，甚至給你帶來終生的災難。

社會上有太多這樣的實例，值得我們省思再三。

例如，當你和你的好朋友之間爆發利益衝突或財務糾紛，或許你自信能坦然客觀地面對，但是你能保證你的好朋友也會有相同的胸襟和氣度嗎？他不會背後詆毀你嗎？不會去想方設法去搶奪那些誘人的利益嗎？

誰也不能拍胸脯保證他會將心比心，因爲，友誼在利益面前往往一文不值。許多殘酷的事實告訴我們，世界上沒有比自己最親密的朋友倒戈相向危害更深更大，也更讓人傷心的了！因此，我們交朋友要相當小心謹慎，即使成了好朋友，也不可毫無防人之心！

「逢人且說三分話，未可全拋一片心」，這句話雖然是老生常談，卻是人際交往中顛撲不破的一大原則。朋友之間，親密過度，就可能發生質變；過密的關係一旦破裂，裂縫就會特別大，好友勢必會成爲冤家對頭。

有些事，你必須狠心加以推辭

對於某些敏感的問題還是小心避開為妙，千萬不要過問別人的家務事，也不要無聊到去當別人傾吐苦水的「垃圾桶」。

美國作家赫爾曾說：「想要把自己剪裁得適合每一個人的人，到最後恐怕連自己都不認識自己。」

其實，做人難免都會顧此失彼，魚與熊掌本來就不可兼得，重點應在於你如何運用智慧，在兩者之間取得一個平衡點來做你自己。

日常生活當中，每個人都有不爲人知的心煩事情，有些人卻毫不體諒別人的立場，硬要把自己的煩惱加諸別人身上，硬要把自己的私事傾吐給別人知道。

對於這些惱人的事，也許你根本懶得理會，甚至連聽也不願意聽，但是又怕對方發生不必要的誤會，所以總是不得不耐著性子，勉爲其難地充當別人的「垃圾桶」，最後心裡塞滿一堆垃圾，把自己搞得煩不勝煩。

朋友之間最常訴說的惱人私事，就是夫妻之間的糾紛和爭吵。

或許你是一個頗有正義感、深富同情心的人，聽了這些事情會忍不住想要挺身而出爲某一方「主持公道」；也許你是一個心直口快的人，對於看不慣、聽不慣的事，就會衝動地想要插手……

這種做法其實是錯誤的，千萬要記住「清官難斷家務事」，對於別人的某些私事聽過就算了，既不要把這些「垃圾」放在心裡，更不要捲入是非的漩渦之中，尤其是夫妻間的感情糾紛，否則你馬上會變成「是非人」，無法全身而退。

朋友之間當然應該互相幫助，關心彼此的生活狀況，但是對於某些敏感的問題還是小心避開爲妙，千萬不能憑一時的「正義感」去過問別人的家務事，也不要無聊到去當別人傾吐苦水的「垃圾桶」。

解鈴還需繫鈴人，尤其是不足爲外人道爾的感情問題。因此，對於朋友的家庭糾紛要裝聾作啞，不要好奇或熱心地追問事情的來龍去脈，因爲一旦你知情或介入了，就會被他們認定爲當然的「判官」，從此不得安寧。

此外，遇到朋友對你傾吐這些惱人的問題時，如果你不想弄亂自己的情緒，就必須狠下心腸，想辦法加以推辭。

遇到對方想邀你聊一聊時，你可以推說自己很忙，不管他說得多麼可憐、哀怨，一概以「忙得不能抽身」爲理由推卸。拖延是最好的戰術，你一拖再拖，對方就會馬上轉移目標另找「垃圾桶」，這樣一來，你就可以逃過一劫。

如果你眞的避不開，那麼建議你適時「裝瘋賣傻」，裝作根本聽不懂他到底在說什麼，頻頻反覆詢問對方，讓對方覺得自己對牛彈琴，另外尋找「聽衆」。

另外，你也可以表現得心不在焉，專說些牛頭不對馬嘴的話，對方如果是聰明人，一定會識趣打住，另尋可以一吐爲快的倒楣鬼，你就可以脫離苦海了。

輯 6

恰如其分地讚美別人

要恰到好處地讚美別人不是一件容易的事，
但如果稱讚得體，就能博取對方歡心，
快速拉近彼此之間的距離。

善用「公關」打造良好形象

公關語言除了要優美生動，還必須傾注真摯而充沛的感情。只有心中裝滿誠摯的感情，說出來的話語才可能感動人心。

所謂「公關」，就是指與形形色色的人打交道。最重要的，就是要透過種種方式、手段，加強自己在公眾面前的良好形象，因此，「公關技巧」可說是每位領導人不得不研究的一項學問。

一般而言，公關語言的藝術性主要體現在以下六個方面：

一、幽默的力量

幽默是一種藝術，可以用來增進自己與他人、組織和公眾之間的關係。使人從令人發窘的問題中或尷尬的時刻裡脫身，化陰暗爲光明、化干戈爲玉帛。

某位企業領導人到香港創辦新公司之時，由於他的投資行為受到各方重視，因此一下飛機就有大批記者要採訪他。其中一位香港記者毫不客氣地問：「你這次帶了多少錢來？」

這名領導人一見發問者是位女士，便答道：「對女士不能問歲數，對男士不能問錢數。小姐，妳說對嗎？」

一句話即迴避了問題，又具有幽默感。比起支支吾吾地掩飾，或是擺起架子、板起臉孔地拒絕回答問題，這種善用幽默的回答方式不知強了多少倍。

二、豐富的辭彙

公關語言要運用準確生動、富有表現力的辭彙，這樣可以激發公衆的熱情、喚起公衆的想像，並得到公衆的信賴。

因此，必須掌握大量的辭彙，善於運用同義詞、近義詞的轉換，能嫻熟地運

用專業詞語、成語、俗話。當然，這些知識要靠平時廣爲蒐集、認眞儲存，這樣到了需要運用詞彙時，這些知識就會源源不斷地湧入腦中，信手拈來、隨意脫口而出，就能增加語言的風采。

三、形象的修辭

進行公關活動之時，還必須熟練地掌握和運用各種修辭手法，以增強語言的具體概念。

貼切的比喻能啓發別人的聯想與想像；適宜的設問、反問能引起他人的好奇心；流暢的排比能激發公衆的熱情；適時的反覆和強調能加深他人印象，產生更好的效應。若能善用種種修辭，就能使大衆對你所要傳達的內容印象深刻。

四、變化的句式

爲了加強表達效果，還須注意句式的變化。

在公關活動中，可用單句，也可用複句；可用陳述句，也可用感歎句；可長短句交錯，也可倒裝、前置。句法參差不同，才能加強語句的強度與活潑性。

五、和諧的節奏

說話時，要注意音量、音質、音色，若是頻率過高，會使聲音刺耳，惹人不快；若是頓率過低，會令人沉悶欲睡。

說話語調要有抑揚頓挫、高低起伏，才能吸引聽者的注意力與興趣。

六、真摯的感情

公關語言除了要優美生動，還必須傾注真摯而充沛的感情。有口話說：「只有在心中裝滿了蜜，口中的言語才會甜。」以此類推，只有當心中裝滿誠摯的感情，說出來的話語才可能感動人心。

公關語言除了具有以上這六個特點之外，由於公關語言多半帶有一定的目的性，因此必須遵循以下這五項原則：

一、通俗易懂原則

公關詞語首先要讓人聽得懂，因此忌用一些冷僻、晦澀的詞語，否則會造成溝通和交流上的障礙。

明朝人趙南星寫的《笑贊》裡有這麼一則故事。

一秀才買柴時說：「荷薪者過來。」賣柴者因「過來」二字明白了秀才的話，就把柴擔挑到他面前。秀才又問：「其價如何？」賣柴者因明白「價」這個字，於是說了價錢。但秀才又說：「外實而內虛，煙多而焰少，請換之。」賣柴者不知秀才在說什麼，便挑擔而去。

這則笑話中的買賣過程，也可看作是公關活動中的口語交往過程，因選用的詞語不通俗，對方聽不懂，這些話語自然無法達到溝通的效果。

二、典雅原則

公關話語要通俗易懂，但並非是要用俚俗、粗鄙的詞語。

談吐和言語格調會直接影響你代表的組織形象，因此應選用典雅的詞語，以給對方良好的印象。比如，「有空再來看看」就不是適當的公關語言，應該說「有機會的話，歡迎再次光臨」。

三、詞語色彩中性化原則

在公關交際中，一般應採用不含褒貶的中性詞語，縮短自身與公眾間的心理距離，達到溝通的目的。比如宣傳產品時，既不應貶低其他廠商的同類產品，也不能「老王賣瓜」自賣自誇，否則會引起公眾的反感。

四、恰如其分原則

進行公關活動時，要把握好遣詞用句的分寸，不要過分，防止語意走向極端。例如，適度的讚美可使對方愉悅，但過分了，只會適得其反。

改變稱呼方式就能改變彼此距離

若想改變自己與對方之間的距離，不論是想拉近彼此的關係或是要疏遠對方，改變稱呼方式都是有效的做法。

俄國傑出哲學家、作家赫爾岑曾經說過：「生活中最重要的是要有禮貌，它比最高的智慧、比一切的學識都還重要。」

此話雖有些偏頗，但禮貌確實是進行社交活動必備的基本美德之一，我們應高度重視「禮貌」的作用力與影響力。

想和不熟的人進一步接觸時，叫對方名字可說是最直接、有效的辦法。受員工愛戴的董事長或是受學生喜歡的老師，多半都是善於記下對方名字的人，這也是集體面試時，必然會遵從的原則。

集體面試是就業面試時，常用來面談的一種方式。這時候，負責面談的這一方，由一個人負責對五六個人面試，幾位應徵者以圍繞面試者的方式坐下，應徵者前面會放置寫上名字的牌子。

在這種場合中，面試者在提問時，必然會叫對方的名字，像是「某先生，對於這一點你覺得如何？」「某先生，你的意見如何？」「某先生，以你的立場而言，你覺得應該怎麼辦？」等等。

被叫名字的應徵者會覺得自己和面試者之間的距離縮短，因而能輕鬆說出自己的想法。以這種方式瞭解應徵者的內涵，即是集體面試的目的。

那麼，若要把這種心態應用於拒絕對方請求時，又該怎麼做呢？

通常和對方的心理距離越接近，就越難開口說「不」，因此若想拒絕對方，就不要直呼對方名字。

另外在商場上，對於初次見面的人，通常會互相交換名片，大多數人會把新拿到的名片放在眼前，這也是一種禮節。這樣在接下來的談話中，就能稱呼對方的名字，讓談話進行得更順利。

相反的，若是你不喜歡對方，不想讓這個人接近自己，不想跟對方展開談話，那就不要接受對方的名片。要是已經得到對方的名片了，也不要看名片內容，如此才能有效地拒絕對方。

同時，要以「那位先生」等不叫名字的方式來稱呼對方，以此來維持自己與對方之間的距離，這樣一來，對方多半會知難而退。

總而言之，在商場的人際交往上，若想要改變自己與對方之間的距離，是不是直呼其名會產生很大的影響。

不論是想拉近彼此間的關係，或是要疏遠對方，改變稱呼方式都是最直接又有效的做法。身爲企業領導人，不可不明瞭這一點。

禮貌得體地使用語言

巧妙運用禮貌用語是社交場合中的最高智慧，它能使雙方相處得融洽，有利於友誼的發展。

英國作家托．卡萊爾曾經這麼提醒我們：「人與人的交往過程中，禮儀越是周到就越保險，運氣也會越好。」

交際中如能使用禮貌的語言，不僅能爲自己塑造出良好的形象，還能發揮「良言一句三冬暖」的效用，人與人之間的感情很快就會融洽起來。

因此，應對之時應多加使用如您好、謝謝、請、對不起、別客氣、再見、請多關照等種種禮貌性語言。

有人在招呼對方時，習慣問：「吃飽了嗎？」這樣的打招呼方式太單調，也有點不雅。在這方面，可以多用「早安」、「午安」、「晚安」、「最近好嗎」、「請代我向夫人問好」等等詞語替換。但不論打招呼的內容爲何，語氣務必要溫和親切，音量要適中，若說話尖聲尖氣，別人就難有好感。

在人際交往中，得體地使用禮貌語言和謙詞，可以給對方留下良好的印象。在這裡介紹十種在一般場合中常用的禮貌用語：

一、與好久未曾見面的人見面時說：「久違」。

二、與不相識的人初次見面時說：「久仰」。

三、有了過失求人原諒時說：「請多包涵」。

四、請人幫忙時說：「勞駕」。

五、有事要找別人商量時說：「打擾」。

六、請對方不必再送行時說：「請留步」。

七、發表自己意見時說：「有不對的地方多請指教」。

八、有事要暫時離開時說：「失陪」。
九、歸還物品時說：「奉還」。
十、當別人表示謝意時說：「別客氣」。

在談話中不應用命令性的詞語，這類詞語也非禮貌性詞語。「你應當這樣」、「我們應當」、「我們必須」這類話語，都易令聽者不愉快、不舒服。此外，在公共場合中談話時，高聲辯駁、出言不遜、惡語傷人等都是社交大忌。

還有些人總是喜歡大談自己如何如何，令人難以接受。

義大利音樂家威爾第五十歲時，曾與一個十八歲的青年作曲家談話，但這位年輕人只喋喋不休地談論自己和自己的樂曲。

當威爾第專心聽完他的談話後說：「當我十八歲時，我認為自己是個偉大的作曲家，總是談『我』；當我二十五歲時，我就說『我和莫札特』；當我四十歲時，就改說『莫札特與我』了。」

這一席話很發人深省，它告訴我們，一個人要少談自我、要有自知之明，不要目中無人。

在人與人的交往中，稱呼是必不可少的，人們對於稱呼的恰當與否也相當敏感，有時這點還會決定交際的成敗，稱呼不當就會產生情感上的障礙。

現代人的稱呼名目繁雜，但一個適宜得體的稱呼，就能產生微妙的作用。對男性的稱呼，一般多用「先生」，但對女性的稱呼，就要多加注意對方的身分了。一般稱已婚的女子爲「太太」；如果對方身分地位較高，應稱爲「夫人」；對未婚的女子則稱呼「小姐」。

若是面對陌生、不熟識的女子，稱呼「小姐」會比貿然稱她爲「太太」安全得多，無論對方是十六歲或六十歲，都可以叫「小姐」。

稱呼除了在性別上的分別外，還要注意對方的年齡、輩分、地位。尊稱易使雙方感情融洽，也能表現出自己禮貌與恭敬的態度。

巧妙運用禮貌用語是社交場合中的最高智慧，它能使雙方相處得融洽，有利於彼此間友誼的發展。

恰如其分地讚美別人

要恰到好處地讚美別人不是一件容易的事，但如果稱讚得體，就能博取對方歡心，快速拉近彼此之間的距離。

要恰如其分地讚美別人是件很不容易的事，如果讚美得不恰當，反而會令對方生氣。要想讚美得恰到好處，就必須盡早發現對方引以爲豪、喜歡被人稱讚的地方，然後對此大加讚美。

因此，在尚未確定對方最引以爲豪的地方前，最好不要胡亂稱讚，以免自討沒趣。試想，一位原本就爲自己身材消瘦而苦惱的女性，聽到別人「讚美」她苗條、纖細時，又怎麼會高興呢？

那麼，究竟什麼才是一個人引以爲榮的地方呢？

首先，每個人都有自己的特長與愛好，這些特長、愛好常常就是一個人引以爲榮的地方，因爲特長是他優於別人、超越別人的地方；愛好則是一個人的興趣所在，許多人會在自己的愛好上投入大量財力、物力、精力。

爲人處世的智慧就在於尊重別人的特長與愛好，再加上適當的讚美，就能贏得一個人的歡心。

對有一定特長的人，如書法、繪畫、釣魚、種花等等，不可只是口頭上的讚美，最好抱著謙虛請教的態度向對方討教一番。即使你對那方面瞭解頗深，也不妨顯得有些外行，好讓對方表現一番。

其次，每個人或多或少都有些自認爲很光榮、很光彩的往事，他們常常把這些事掛在嘴邊，老是說：「想當年……」「那時候，我曾經……」「在法國留學那一陣子……」

對於這些往事，他們常常希望得到別人的讚許。因此，瞭解對方引以爲榮的往事再加以稱讚，多半能令對方高興。

最後，每逢女性改變髮型、服飾、裝扮時，一定要加以稱讚。像是說：「今天的耳環不一樣，是在哪裡買的呢？」

聽見這種暗藏讚美的話，沒有一個女孩子會不高興的。對許多女性而言，服裝或飾物是自己最希望受人讚美的部分。

但要注意，若是對這方面不甚了解而隨便讚美，也有可能帶來反效果，例如將廉價的衣服讚爲「高貴的服飾」，可能會令對方有被諷刺的感覺。

要恰到好處地讚美別人不是一件容易的事，但如果稱讚得體，就能博取對方歡心，快速拉近彼此之間的距離。

因此，若想成爲一個成功的領導者，對「稱讚」這門學問就要好好研究，它會是開拓人際關係的最佳武器。

用祝願式言語增進情誼

雖然祝願式的言語不一定有邏輯性，但只要話語中包含誠心的祝福，對方自然樂於接受，也就有益於促進彼此間的關係了。

好聽的話語人人愛聽，在人際交往的過程中，多說點好聽話能減少彼此之間的摩擦，加強彼此的情誼。所謂的「好聽話」不單是指稱讚對方的話語，同時還包含帶有祝願意味的話語。

祝願式言語主要強調美好的意願與真摯誠懇的感情，是用友好的心情去祝福對方的未來發展狀況順利、一切心想事成。這類話語不一定合情合理，但由於話中帶有善意，所以聽者多半會欣然接受。

在某間飯店的公關部售票台前，有位客人匆匆來到櫃檯前要訂車票。

「早安！」辦事員很有禮貌地站起來招呼。

「我要三張後天去紐約的九十一號列車車票。」這位客人不耐煩地說。

見客人情緒不佳，辦事員立即將訂票單取出，幫客人登記。當寫到車次時，他習慣性地問：「先生，萬一這趟車訂不到，三一一或三〇五號列車可以嗎？它們的發車時間是……」

但沒等對方說完，客人就連說：「不行！不行！我就要搭九十一號列車。」

辦事員又強調：「萬一……」

沒想到這番好心反而把客人惹火了。「什麼萬一？你們是為客人服務的，怎能這麼說？」客人有些惱怒。

這時，這名辦事員立即意識到自己說話的方法不妥，差一點把客人趕跑了。他根據對方回應的訊息，立即調整話語，轉換語氣說：「我們一定盡最大努力，設法為您買到票。」客人這才滿意地離去。

第二天客人來取票時，根據前一天打交道的情況，辦事員一改過去公事公辦的態度，笑瞇瞇地對他說：「先生，您的運氣真好，明天九十一號列車的車票恰好只剩三張票，我已經幫您買下來的。先生您的運氣這麼好，肯定是要發財了。」

客人一聽此言，立即眉開眼笑，還到販賣部買了一大包零食請辦事員吃，而且從此以後，他成了這家飯店的忠實顧客。

上面例子中的辦事員，從買到車票的幸運「推測」出「發財」一說，這兩者之間沒有必然性可言，但重點在於它是一句人人都愛聽的好話，讓人聽了就開心。

祝願式言語帶有濃厚的情感色彩，需要內含眞實的情感，並給予對方最爲貼切的讚美。雖然祝願式的言語不一定有邏輯性，但只要話語中包含誠心的祝福，對方自然樂於接受，也就有益於促進彼此間的關係了。

根據情境巧妙應答

> 在與上位者應答時，除了把握語氣恭敬的原則外，回答內容要因應時間、場合、談話內容做改變，不可千篇一律，才不致產生尷尬的場面。

曾在公車上聽見兩名女高中生在交談：

「我昨天碰見某作家耶！」

「才怪！」

「眞的，他說下次要請我到他家喝咖啡。」

「眞的嗎？」

「你覺得我該不該去啊？」

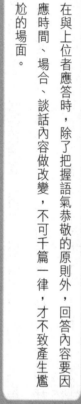

「算了，我覺得那是騙人的吧！」

從這一段談話中不難發現，雖然提出話題、開啓談話的是第一位女學生，但若沒有另一位女學生適當的應和，這段交談無法如此順利。

在日常生活中的閒談是如此，在商場上的交談也是如此，適當的應和會發揮極大的作用，能使談話雙方愉快，使交談順利進行。

由此可知，談話中要有適當的應和，還須考慮自己與對方的年齡和身分。

例如，假使對方是主管或長輩，則必須考慮他的身分地位與輩分，要以較恭敬的語句來回答他。若以「嗯」、「啊」等字眼來回答，會顯得相當不禮貌，應該以簡短有力的「是」來回答較適宜。語氣恭敬是對上位者的基本禮貌。

然而，也不能只回答一個「是」字，否則對方會誤以爲自己被嘲弄，但若不斷稱讚對方「好厲害」或「眞了不起」，也會引起對方誤解，以爲你在奉承阿諛。因此，在與上位者應答時，除了把握語氣恭敬的原則外，回答內容要因應時間、場合、談話內容等做改變，不可千篇一律，才不致產生尷尬的場面。

許多人聽上司談話時，常沒有任何表情，只一味地點頭附和，這種應和方式頗值得商榷。因爲聽者的表情和動作都對應和對方談話有很大的幫助，若是毫無表情或反應，往往會帶給說話者很大的困擾。

當然，如果談話雙方有生意上的利害關係，沒有表情可作爲一項武器，讓對方看不透自己的想法；但在一般談話中，面無表情則會妨礙談話順利進行。

在使用表情、動作應答時，與出聲音應答相同，均需審愼考慮對方的年齡、身分和地位，如此才能獲得對方的讚賞。特別注意的是，與長輩或上司交談時，不宜僅以點頭或手勢應答，仍需以言語表示態度和意見，這種方式較爲得體、禮貌。

先考慮場合再開口

無論在任何場合開口說話，一定要三思而後言。古人常說的「禍從口出」，就是因為不考慮清楚就隨意開口，為自己惹來了麻煩。

在人際交往的場合中，有些狀況會令對方相當尷尬、難堪，甚至因此惱羞成怒。會造成這種情況，多半是說者不考慮時間、地點，說出不合場合的話語，結果即便是好意，也會惹得對方不愉快。

像不合時宜的安慰話語就是如此。

辦公室裡有位女同事談戀愛受挫，好不容易鼓起勇氣向對方告白卻被拒絕，心裡相當傷心難過。

她的性格內向又不善言談，也就沒有向他人袒露內心的秘密。公司裡一個與她很要好的同事見她愁眉不展，得知原因後，就當著眾人的面安慰她說：「那個人有什麼好？憑妳的條件，一定可以找到更好的！」

可是，話還未說完，那名失戀的女同事就跑出辦公室了。

這時，她才發覺在這樣的場合中，這樣的安慰話有些不妥當，可是對方已受到傷害了。

幾句安慰話倒成了彼此間尷尬的原因，由此可見，即使說安慰話也要考慮對方的性格，更要考慮時間和場合的問題。

對性格內向的人，不宜在眾人面前直接給予安慰，尤其是涉及別人的隱私時，更不宜在公開場合安慰對方，以免「走漏風聲」。總而言之，說安慰話時，還得隨不同對象而有不同的應對方式。

另外，有一些人說話時，總是直來直往，易惹人生氣、把事情搞砸，這是因為這類人缺乏場合意識的關係。

他們對人很誠實，談論事情時往往只從個人主觀感覺出發，以為只要有話就應該說，心裡有什麼嘴上就說什麼，不管什麼時間、地點、場合都是如此，結果常常冒犯了人，自己還不知道問題出在哪裡。

有兩個老工人平時愛開玩笑。若有幾天沒有見到彼此，一見面就會說：「你還沒死呀？」

通常對方也不計較，只回說：「我等著你送花圈呢！」

兩個人相對哈哈一笑了事。

後來甲工人因重病住院，乙工人去醫院探望他。

結果，乙一見面就說：「你還沒有死呀？」

這一次，甲工人馬上就發火了，生氣地說：「你滾出去！」

這是因為對方正生病住院，心理壓力很大，結果乙工人又對著憂心忡忡的病人說「死」，對方怎能不反感、惱怒？

就算乙工人沒有惡意，只是想逗對方開心，只可惜他缺乏場合意識，開玩笑弄錯了地方，才使得對方不愉快。

因此，無論在任何場合中開口說話，一定要三思而後言。古人常說的「禍從口出」，就是因爲不考慮清楚就隨意開口，爲自己惹來了麻煩。尤其在商場上活動的人，每天見面的人更多，彼此間的利益關係又複雜，更要有場合意識，養成「三思後言」的好習慣。

把握要領，成功安慰人心

受到不幸和挫折的人，往往會沉溺於一時的悲痛之中無法自拔，看不到光明的前途。此時，最重要的是通過積極鼓勵，給他信心和勇氣。

在人際交往中，不合時宜的安慰話語會令對方不愉快，破壞了彼此間的情誼；相反的，適當的安慰話語能使對方感到溫暖、窩心，對你心生好感，彼此的情誼也能加深。

安慰人心需要掌握以下四大要領，才能達到良好的安慰效果：

一、要同情，不要憐憫

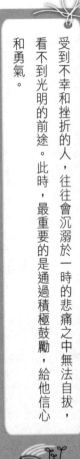

一個人遭遇挫折和不幸的時候，十分需要人們的同情。同情是人世間十分寶貴的感情，真誠的同情不僅能使不幸者痛苦、沮喪的消極情緒得以宣洩，而且有助於消除對方心理上的孤獨感，並增強他戰勝困難的信心。

二、要真誠地開導對方，不要擺架子教訓人

一個人苦惱憂傷的時候，非常需要別人給予他真誠的開導。所謂真誠，就是要詞真意切、情感真摯，千萬不可浮誇做作。

此外，在這種情況下，對方需要的是開導而非教訓，若是擺起架子訓話，即便說話者是好意，所說的內容也都正確、對對方有益，對方也很難聽得進去，甚至會因此惱羞成怒。

三、要積極鼓勵，不要消極埋怨

受到不幸和挫折的人，由於一時無法擺脫消極情感的束縛，往往會垂頭喪氣、消極悲觀，沉溺於悲痛之中無法自拔，看不到光明的前途和幸福的未來。

此時，最重要的是設法透過積極的鼓勵，給對方信心和勇氣，讓他在困難的時候可以看到光明的前景。

若是在安慰對方時，也跟著對方一起消極地埋怨，使人陷入更低落的情緒，就無法達到安慰的效果。

四、要選擇恰當時機給予安慰，不要事過境遷才安慰

安慰的話要在適當的時候說，若是對方遇到突發的意外事件，如生病、親人突然去世等等，要注意及時給予安慰。

事過境遷後才安慰對方，不僅失去意義，還會使對方已經平復的心靈重新勾起傷心的回憶，這是很不妥當的做法。

若是想要給予遭受失敗與挫折的人安慰，就要選擇對方最敏感、最易動情和傷感的時候來安慰與鼓勵。

這樣對方會更加感動，安慰的效果自然也就更好了。

打招呼是拓展人際的第一步

不論是對每天碰面的人，或對於不常交談的人，都應滿懷親切地和他們打招呼。能愉快地和任何人打招呼，就能建立起良好的人際關係。

保持沉默是無法做好交際工作、拓展人際關係的，人與人之間的交情，必須要由自己主動去創造機會才能產生。

人的一生中，不免會和各種人物接觸，雖然並不是每個人對自己都很重要，但也不能因此逃避與人交往的機會。說不定今天意外認識的人，就會成爲人生路途上的大貴人，例如美國前總統林肯就有類似的例子。

以下是一則林肯年輕時當執業律師所發生的故事。

在某個寒冷的日子裡，林肯走在前往辦公室的路上。他原本想乘坐馬車，但又覺得坐車太過浪費，於是只好縮著脖子繼續趕路。這時候，從他後方傳來了一陣馬蹄聲，回頭一瞧，馬車上坐著一位穿著體面的男士。

一見此景，林肯毫不猶豫地趨步向前，滿面笑容地向他打招呼：「我是律師林肯。很抱歉，能否麻煩您幫我將外套送到辦公室去呢？」

「當然沒問題，只是天氣這麼冷，你不穿外套回家嗎？」這名男士訝異地問。

林肯若無其事地回答說：「當然連同我的身體一起送上呀！」

馬車上的男士笑了，伸出手說：「請上來吧！」

兩人從此結下不解之緣，成為莫逆之交。在林肯競選總統時，此人曾廢寢忘食地鼎力相助，是林肯的得力戰友。

由這例子可知，打招呼這行爲，表面上看來雖只是芝麻綠豆般的小事，但在拓展兩人的友誼上，卻能發揮了無比強大的力量。

相信許多人都會坐飛機出差，那麼，試著和鄰座的人聊聊天如何？只要能輕鬆地打聲招呼，也許就能順利展開接下來的談話。

若是聊得投緣，不但在飛機上的時光不會寂寞、無聊，說不定下了飛機後還能繼續往來、保持聯絡，甚至成爲事業上的合作夥伴。

另外要注意的是，在辦公室裡，打招呼很容易流於形式，必須用點心。同事間天天見面、天天打招呼，但由於彼此都不用心，因此「打招呼」這項行爲，就變得對加深彼此情誼毫無作用了。

其實，不論是對每天碰面、彼此很熟悉的人，或對於不常交談、十分陌生的人，都應滿懷親切地和他們打招呼。若能愉快地和任何人打招呼，往往就能夠建立起良好的人際關係。

把握技巧才能使安慰發揮成效

最佳的安慰方法，是寓安慰於鼓勵之中。這種安慰方式不僅有助於安定別人煩躁的心，還能給不幸者面對困難的勇氣。

人生的道路並不平坦，逆境往往多於順境。身處逆境、面對不幸時，當事人不僅自己需要堅強起來，也迫切需要別人的安慰與鼓勵。親切的安慰如雪中送炭，能給不幸者溫暖、光明和力量，相對的，不恰當的安慰卻會給對方帶來更大的傷害。

要安慰對方，光是懷著善意是不夠的，還要講究方式。最好的安慰，是針對不同的情況、不同的對象，採取不同的方式和語言。

以下是幾種人們常遇到需安慰對方的情況：

一、安慰病人

若探望身患重病的不幸者，儘量不要與他談論病情和治療情況。如果對方本來就承受重病的壓力，談論病情等於加重了他心頭上的包袱。

因此，不妨多談談病人關心、感興趣的事，講些社會上發生的新鮮趣事，轉移對方的注意力，減輕病人的痛苦。如果能多談些與對方有關的喜事、好消息，使他精神愉快，就更有利於病人早日康復。

二、安慰殘疾人士

有嚴重身體缺陷的殘疾人士，需長期坐臥病榻上，遭受病魔的折磨，性情因而相當急躁，生活也比常人要枯燥無聊。因此，安慰他們時一定要格外費心，尤其不能帶著憐憫的表情，殘疾人士最忌諱別人把他們當弱者對待。

三、安慰老人

對老人的安慰要注意對方的年齡特點，一是主題不要涉及死亡，二是儘量不提及他的兒女。因爲孤獨老人往往是得不到兒女的關懷與照顧，有時會對生活陷入絕望。要特別尊重他們，好好關心、體貼他們，讓他們感受到家庭的溫暖。

四、安慰病人家屬

重病者的家屬往往沉浸在痛苦與無助之中，若安慰不當，反會勾起他們的辛酸難過的情緒。應從側面入手，用迂迴的方式給予對方安慰，多談些平常事，讓他們放寬心或做好精神準備。

五、安慰死者家屬

失去親人對家屬而言是最大的打擊，他們多半會陷入深深的悲痛之中。勸慰時，一方面要勸對方「節哀」，另一方面又不能制止他哭泣，因爲哭是一種宣洩悲傷情緒的辦法，只有把心中的鬱悶宣洩出來，精神上才會好受些。

如果是朋友家裡有親人去世，最好的安慰方法就是不要提及死者，讓他逐漸忘記那些不可挽回的不幸。在這種場合中，千萬要記住，別爲了表示自己的惋惜而撩起別人心底的悲傷。

六、安慰離婚者

離婚總會爲一方或雙方帶來難以言喻的悲哀。安慰離婚者時，不能就離婚的決定是否正確談起，而是要迂迴地暗示對方，應忘記過去、勇敢面對未來，勸他豁達一些，重新建立新的生活。

此外，還有諸如落榜者、失業者、家庭不幸者，都需要親朋好友的安慰。在他們孤立無援、苦不堪言的時候，若有人能伸出溫暖的手，一定會使他們感到莫大的溫暖與窩心。值得注意的是，要使安慰產生最佳效用，就要掌握安慰的策略和尺度，注意分寸和方法，否則將事與願違、徒勞無功。

另外，對別人的不幸表示同情，也是一種安慰別人的辦法，但是，表示同情也要講究技巧，不然很可能會適得其反。

譬如，若一個朋友因某事煩惱，許多人可能會不加思索地說：「這算得了什麼？何必爲這苦惱呢？」

如果僅僅說這兩句話，不進一步解釋爲什麼，那還是不說爲佳，因爲這句話不僅僅沒有帶給他安慰，反而使他更不高興，心裡一定想：「你懂什麼！只會說些風涼話。難道我是爲了不值得煩惱的事情而自尋煩惱嗎？」

本來是好意要安慰他，結果反而使對方覺得你缺乏同情心。

最佳的安慰方法，是寓安慰於鼓勵之中。這種安慰方式不僅有助於安定別人煩躁的心，而且還給不幸者面對困難的勇氣。這種辦法不但兼有消極的安慰作用，也帶有積極的鼓舞作用，是所有安慰辦法中最上乘的一種。

真誠相待，就能獲得信賴

待人誠心守信，更易獲得他人的信賴與理解，能得到更多人的支持與合作，由此可以獲得更多成功機會。

什麼是「眞」？就是不做假、不欺人，講究人品之眞、做事之眞。眞誠待人、眞誠做事，這是一個人受歡迎必備的品格之一。

只有具備了這種品格，人們才願意接納他、幫助他、支持他，使他的事業獲得成功，使他受到人們的尊重和敬仰。

美國已故總統羅斯福，一直是個受歡迎的人，連他的僕人都喜歡他這個主人，也正是因為這一點，羅斯福的黑人男僕詹姆斯．亞默斯，寫了一本關於他的書，取名為《羅斯福，他僕人的英雄》。

在那本書中，亞默斯說了一個富有啟發性的事件。

「有一次，我太太問總統關於鶉鳥的事。她從來沒有見過鶉鳥，於是總統向她詳細地描述一番。沒多久之後，我們小屋的電話響了，我太太接起電話，原來是總統本人打來的，告訴她，窗戶外面正好有一隻鶉鳥，現在往外看就能看得到。總統時常做出這類的小事，如他每次經過我們的小屋時，即使他看不到我們，我們也會聽到他輕聲叫出：『嗨，安妮！』或『嗨，詹姆斯！』這是一種友善的招呼。這樣的一個人，確實很難讓別人不喜歡他。」

羅斯福下台以後，有一天到白宮拜訪，碰巧新任總統和總統夫人不在。當時，羅斯福總統真誠待人的處世態度全表現出來了，因為他向所有白宮舊識僕人打招呼，而且都能叫得出名字來，連廚房的小妹也不例外。

亞默斯還在書中寫道：「當他見到廚房的女僕愛麗絲時，就問她是否還烘製玉米麵包，愛麗絲回答他，她有時會為僕人烘製一些，但是樓上的人都不吃。

『他們的口味太差了，』羅斯福有些不平地說：『等我見到新總統時，我會這樣告訴他。』後來，愛麗絲拿了一塊玉米麵包給他，他就一邊走向辦公室一邊吃，同時在經過園丁和工人身旁時，還跟他們打招呼。」

完善的人格魅力，基本就是眞誠，而眞誠待人正是贏得人心、產生吸引力的必要前提。待人誠心守信，更容易獲得他人的信賴與理解，能得到更多人的支持與合作，由此可以獲得更多成功機會。

對待周遭人，應該有「知人而交」的態度，對於不很瞭解的人，應有所戒備；但對已經大致瞭解、可以信賴的朋友，應該多一點信任、少一些猜疑，多一些眞誠、少一些戒備。完全沒必要對那些完全值得信賴的人閃爍其詞、含糊不清，因爲這種行爲實在不是明智的行爲。

中國著名的翻譯家傅雷先生說：「一個人只要真誠，總能打動人的，即使人家一時不瞭解，日後便會瞭解。」

受歡迎的人的重要特質，第一要求坦白，第二要求坦白，第三還是要求坦白。繞圈子、躲躲閃閃的說話態度，反易令人懷疑。因此，與其耍些小手段，倒不如光明正大、實話實說，只要態度誠懇，無論如何，人家都不會厭惡你。

以誠待人是人際間溝通的心靈之橋，只要通過這座橋，人們就會敞開心扉，就能攜手並肩、合作共事。

唯有自己眞誠實在，肯表露眞心，才能贏得對方的信任，從而卸除猜疑、戒備，把你當作知心朋友，樂意向你訴說一切。

其實，每個人的思想都有閉鎖的一面和開放的一面，開放是定向的，只向自己信得過的人開放。以誠待人，能夠獲得人們的信任，發現一個開放的心靈，爭取到一個用全部身心幫助自己的朋友。

在發展人際關係時，與他人打交道的過程中，如果防備猜疑被誠信取代，往往能獲得出乎意料的好成績。

輯 7

做人圓融
就能八面玲瓏

世上沒有搞不定的上司，
差別只在於做人夠不夠高明圓融而已。
一旦懂得應付之道，
做起事情來絕對無往不利。

懂得做人的道理，做事會更加順利

不懂得圓融做人的道理，打不好與他人的關係，做任何事都不可能得到幫助，理所當然，更不可能輕鬆收到理想效益。

美國成功學大師戴爾．卡耐基經過長期研究，得出結論：「一個人的成功，只有百分之二十是靠專業技能，剩下的百分之八十則是要靠靈活的交際手腕和做人處世的能力。」

確實如此，良好的人際關係，是幫助一個人順利成功的最重要推力。眞正成功的人，不光有能力、肯努力，還要懂得利用別人讓自己快速達成目的。

現實生活中，有很多我們無法解決的問題，癥結都出在「不懂得人情世故」，當你想「動手做事」之前，千萬別忘記先「動腦做人」。

懂得人情世故，做人圓融，做事才會輕鬆。先站在別人的角度去看問題，只要你能用別人的「視野」去衡量問題，那麼你的人生字典裡，就不會再出現「棘手問題」這四個字。

人是最懂得相互利用的動物，無論是爲了什麼需求或達成什麼目標，唯有先學會做人的道理，行事才會更加順利，如果不懂得人情世故，做事就難免遭遇阻礙，無法輕鬆達成自己的目的。

人生過程中，有很多我們讓我們傷透腦筋的難題，往往都在懂得「做人」之後，困難就迎刃而解，因爲，那些看似難以解決的問題，障礙通常不是出在問題本身，而是出在製造問題的人身上。

活在世上，不管做人或做事，難免要遭遇許許多多「人性習題」。很多時候，成功者並非比失敗者有才能，只不過他們面對「人性習題」時，比失敗者多了幾分圓融與圓滑。

將這個道理印證在職場，情形更是明顯，即便處在同一個工作環境，有人能夠左右逢源、平步青雲，有人卻偏偏左支右絀、鬱鬱不得志。

究竟是什麼因素，導致如此巨大的差異？

說穿了，就在於人際關係是否圓融，能不能與同事和上司、下屬們友好相處，奠定穩固的人際關係。

千萬別輕忽了人際關係的重要，以爲只要悶著頭把分內的事情完成就好。要知道，在互動頻繁且情勢變化快速的職場，人際關係實際上就像一把雙面刃，掌握得好，不愁做事得不到成效；掌握得不好，則必定難逃腹背受敵，遭人落井下石的下場。

因此，身爲一個合格的、不被潮流淘汰的現代人，你必須學會有效圓融做人的各項技巧，並確實運用於日常生活、工作場合，讓身邊的朋友、同事、上司或下屬都成爲最好的助力，而非最大的阻力。

殘酷的實話實說，不如不說

別以為當眾糾正他人性格上的弱點是「愛之深，責之切」的做法，在別人看來，這只不過是和當事者過不去而已。

在不少場合，實話是不能直接說出來的。

雖說做人不必時時虛偽應酬，但直話直說、毫無顧忌的說話方式，畢竟僅止於理想狀態中的人際交往模式。在實際情況中，直言直語往往很容易刺傷別人，也讓自己損失人緣。

王明是某公司中級職員，他的心地是大家公認的「好」，但卻一直無法獲得升遷。反觀和他同期進公司的同事，每個人不是已經外調獨當一面，就是成了他的頂頭上司。

再者，雖然每個人表面上都稱讚他「好」，但他的朋友卻很少，不但下了班不曾與同事有過聚會，在公司裡也常常是獨來獨往，似乎不太受歡迎的樣子。

事實上，王明的工作能力並不差，也有相當好的觀察分析能力。問題是，他總是說話直率不加修飾，因而直接或間接影響到他的人際關係。

像王明這樣喜歡直話直說的人，說話時常只看到現象或問題，也常常只到自己「不吐不快」，很少考慮到別人的立場、觀點和感受。

當然，他的話也許是一派胡言，但也有可能是一針見血，不過無論何者，都會讓人覺得心裡不舒服。

若是一派胡言的直言直語，對方就算知道，但也不好當場發作，只好悶在心裡；如果是一針見血的實話，因爲是直指核心，更容易讓當事人做出自我防衛式的反擊，若對方招架不住，恐怕也會因此懷恨在心。

換句話說，一味直言不論是對人或對事，都會讓人受不了，連帶讓你產生人際關係障礙。別人寧可離你遠遠的，以免一不小心就聽到你的直話直說；如果不能離你遠遠的，那麼就要想辦法把你趕得遠遠的，才能夠讓自己眼不見爲淨，耳不聽爲靜。

而且，喜歡直話直說的人，一般都具有「正義傾向」的性格特徵。由於這樣的人言語殺傷力很強，所以很多時候常被人利用來揭發內幕或攻擊他人，以達到某種目的成了犧牲品。

因爲就算成功了，也是鼓動你的人坐享其成，你卻分不到多少好處；不成功，你自然會成爲別人的眼中釘，被排進報復排行榜。

阿華原來是個性格耿直、有話直說的人，因此被主管看重，升爲小組長。有一年，主管派阿華到公司人事課去整理檔案，面對一堆堆檔案，阿華一開始還整理得蠻起勁的，但看到後來，卻慢慢覺得不寒而慄。

因爲那些檔案裡面，有不少人只是因爲說了一句不該說的話，或者是發發牢騷，就從此被打入冷宮。

經過這場「震撼教育」，阿華就像是換了一個人似的，再也不跟主管頂嘴，上面說東，他絕不說西。另外，爲人處事也變得圓滑起來，無論什麼事情，都不再過去那樣將是非對錯弄得黑白分明。

耿直的阿華，成了老成世故的角色。變化後的性格，對他的前程是有利還是有害，這很難定論，不過有一點卻是可以預測的：世故的阿華犯錯的可能性極小，更不可能禍從口出。

雖說像阿華這樣的人，在同事間一般都不受歡迎，不過話又說回來，說話注意場合、對象，這是任何上班族都應該注意的事。

須知在人際交往中，直話直說往往是一把雙面利刃，傷害別人的同時，自己也付出了一定的代價。

因此，若你正好具有這種直言不諱的性格，在與人來往時應注意，無論何事，最好避免直截了當地指責他人的不當之處，或是當眾糾正別人性格上的弱點。別以爲這是「愛之深，責之切」，在別人看來，這只不過表示你和當事者過不去而已。

因此，能不講就不要講，一定要講的話，點到爲止即可，而且還要懂得迂迴，千萬不要莽撞行事。

直話直說，有時就像一把鹽撒在別人的傷口上，讓人痛苦不已，爲了不傷害別人，也不傷害自己，同時建立起良好的人際關係，這點務必要注意。

建議你，話到嘴邊時，盡可能先想想說出來的效果，若既不傷人，也不傷己，就但說無妨了。

其實在現實生活中，做個自以爲是的演講者，還不如做個靜靜傾聽的觀衆。只要懂得與同事保持適當距離，凡事圓滑處理，採取中道而行，謹記「人不犯我，我不犯人」的道理，公平對待每一位同事，避免建立小圈子，做起事來就能更爲輕鬆，成爲辦公室中的生存者，而非受害者。

寬以待人，處世更平穩

謹記「寬以待人」的處世原則，和諧的人際關係和高超的處理能力能幫祝你早日成為一個成功的工作者。

如果明瞭「糖衣有助於嚥下一口苦藥」這句話中，「糖衣」可能扮演的作用，就會懂得讓對方保住面子，是多麼重要的處世方法。

有時候，批評別人之前，如果能反省一下自己的缺點和過失，就能讓提出的批評更易於爲人接受。

正如卡內基所說：「如果批評者在開始的時候，謙卑地承認自己並非沒有缺點，那麼他的批評將不那麼逆耳。」

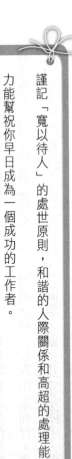

比如，當一個好部屬變成了一個不夠好的部屬時，你會怎麼做？

你當然可以解雇他，但這並不能解決任何問題；你也可以大加責罵，但這常常只會引起怨恨。

漢森是一家卡車經銷公司的服務經理，他的手下有一個工人，工作品質每況愈下，情況很糟。

漢森沒有對他怒吼或威脅，而是把他叫到辦公室裡，坦誠對談。他說：「你原本是個很棒的技術人才，在這條線上已經工作了好幾年，你修的車子也都令顧客很滿意，有很多人都稱讚你的技術很好。」

漢森又說：「可是最近你完成一件工作需要的時間加長了，而且品質也比不上以往水準。你以前真是個傑出的技工，我想你一定知道，我對現在這種情況不太滿意。也許我們可以一起想辦法，改正這個問題。」

對方回答他並不知道自己沒有盡好職責，並且向上司保證他所接的工作並未超出自己的能力之外，他以後一定會改進。

當然，我們在圓融待人的同時，還要精進溝通技巧，如此不僅可以換得員工的忠誠，也可讓事情圓滿解決。

阿娟在公司市場部舉行的業務會議上，不僅詳盡地介紹自己手上的工作進度，甚至還將原本屬於老友慧賢負責的客戶情況也做了不少解釋，並提出自己的工作建議。

阿娟的發言立刻贏得上司的肯定，並責成慧賢和阿娟一起進行客戶服務。會後，阿娟興致勃勃地想找慧賢進行討論，誰知卻討了個沒趣，很是尷尬。阿娟百思不得其解，自己在慧賢休假期間好意代她爭取了幾個客戶，還幫她訂出工作計劃，為什麼慧賢不但不感謝，還讓自己如此沒面子？

另一個同事「點醒」了阿娟——雖然是好意幫忙，但有關他人的客戶工作建議，應該先和對方商量，再拿到業務會議上討論。否則，即使是誠心幫助，但慧賢會認為阿娟是故意在上司面前貶低她，讓上司認為她的工作能力和工作態度有問題，同時也會誤會這種行為是在爭功。

的確，在辦公室裡，經常會遇到「好心被人當做驢肝肺」的尷尬場面。此時，我們不妨先反省一下，自己是否犯了與阿娟類似的過失？

幫助同事不僅要坦誠相待，有時還需察顏觀色並講究技巧，否則，不僅會用熱臉貼冷屁股，甚至會因此失去朋友，適得其反。

應該在坦誠待人和處事的同時也注意其他方面，諸如從實際出發，實事求是，不以己好爲標準……等等，以策略性的手段靈活運用，圓融人際，處理好每一項工作。

在日常工作和生活上，每個人都有自己的方法和個性特點。對別人的短處應避免挖苦，也不要以嚴厲的態度對待他人，以免遭到怨恨。

阿英和阿麗是某公司同一部門的同事。阿英行事風格潑辣、武斷、專橫，而且經常丟三落四，同部門的同事都不大喜歡她的辦事方式。阿麗則相反，做事勤快，辦事縝密、穩重，深受大家歡迎。

有一次，業務經理準備送一份文件到某公司，得知阿英外出辦事順路，便讓她帶過去，但粗心的阿英卻把文件忘在公司裡。

當阿英發現文件遺失，急得團團轉、不知所措的時候，阿麗及時送來了文件，讓她交到該公司。原來，阿麗發現阿英把文件遺落在辦公室，便立刻幫她把文件帶來，避免公司的信譽受到損害。

事後，阿英感激阿麗幫了自己的忙。阿麗則趁機婉轉地批評了阿英的做事方式。阿英受到教訓，也誠心地接受批評，並保證以後努力改正，不再犯類似的錯誤。阿英和阿麗還約好，以後互相提醒，避免再出現差錯。

從此，她們倆成了一對好朋友。

謹記「寬以待人」的處世原則，對自己的工作將會大有幫助。和諧的人際關係和高超的處理能力，足以幫祝你更上一層樓成爲一個成功的工作者。

善用讚美，更添成功機會

與同事溝通時，要能夠恰當地利用讚美增進雙方的感情，這麼做能有效改善工作環境與氣氛，有利於事業的發展。

想要與人展開良好溝通，微笑是必備的基本條件，另外還有一把能有效攻城掠地的武器，就是「讚美」。

當然，讚美有很多種，若是運用不當，非但沒有幫助，還會導致反效果。爲了讓讚美確切打動人心、發揮功效，首先必須先認清讚美的兩大種類：

・直接讚美

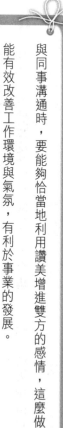

顧名思義，直接讚美就是當著對方的面，用明確、具體的語言，直接稱讚對方的行爲、能力、外表或其他任何優點。

有一位非常精明強悍的老闆，極擅長與員工溝通，每天晚上，他都會寫一些便條給下屬，獎勵他們的某些優秀表現，例如：「傑克，你的主意很棒！好好幹吧！」「萊瑞，多虧了你今天的優異表現，公司得到一筆大生意，今後也請繼續加油。」

因為如此，員工全都心服口服，願意為公司賣命。

另外，針對生活中的小細節進行讚美，也相當有效。

比如看見同事買了一件新衣服，你可以說：「這件衣服看起來眞不錯，穿上之後，看起來精神眞好。」

這樣的直接讚美證據及針對性極強，不會讓人誤解，效果相當好。

・間接讚美

不直接挑明，而是運用語言、動作、行爲向對方表示自己的讚賞，比如在聆聽對方談話時不斷地微笑點頭，或者恭敬地向他人請教問題，都是一種間接且含蓄的讚美，可以使對方產生好感。

接下來，讓我們認識讚美時應當把握的幾大尺度。

同事之間，恰如其分的讚美能夠聯絡感情、增進友誼，但一定要以眞心實意、誠懇坦白爲基礎，並注意時機的選擇。

進行讚美時，應該注意以下幾點：

1.讚美的話語不要太誇張，言過其實的「讚美」，往往等同於「拍馬屁」，會讓人心生反感。

2.注意讚美的次數，只讚美真正該讚美的事情。過於頻繁就失去了讚美的意義，顯得浮誇不實。

3.不要在有求於人的時候大肆讚美對方，這只會讓人覺得你的動機不良，從而增加戒心。越是在自己不求對方什麼的時候，越該真心實意地表示讚美，如此效益最大。

4.針對不同的對象，選擇不同的讚美語言。若為同輩，可讚美他的精力、才幹、業績和風度；對於長輩，可以讚美他的健康、經驗、知識和成就；對於女性，可著重於讚美外表和服飾品味等。

與同事溝通時，要能夠恰當地利用讚美增進雙方的感情，這麼做能有效改善工作環境與氣氛，有利於事業的發展。

懂得利用微笑進行溝通的人，人緣必定會逐漸得到改善，並且相對地得到他人的讚許。

眞誠的微笑是善意的信使，可以將自己的眞誠心意傳遞出去。沒有人喜歡幫助那些整天皺著眉頭、愁容滿面的人，更不會信任他們。因此，即便在身負沉重壓力同時，仍要告訴自己面帶微笑，看向世界的美好，善用微笑與讚美，拉近自己與成功的距離。

溝通良好，管理更具成效

處事圓融，並且可以做好雙向溝通的管理者，才能對自己的所需和部屬的特長有比較詳細的了解。

想成爲優秀的管理者，應該避免以自己的喜好來判斷一個人或一件事，因爲這樣的管理者永遠也不可能培養出好的部屬。如果將自己的偏好反映在人事編制和營運上，太過極端的表現將會使整個團體失衡，面臨危險的處境。

某家聲勢如日中天的某電腦公司，在達到鼎盛時期後，傳子意識頗濃的總裁力排眾議，堅持把總裁的位置傳給兒子。

但是，他的兒子不僅能力平庸，缺少運籌帷幄的能力，而且缺乏對全局的了解，面對公司接二連三出現的財政危機也不知所措。

不僅如此，他非但不能根除弊病，還使部屬大失信心，結果原先公司的得力人才相繼離開，管理高層元氣大傷，短短的幾年竟導致公司虧損連連。

這正是管理者盲目重用，排斥異己，因而經營失敗的典型例子。

雖然受重用的人會心存感激，但那些被排斥的人卻會覺得上司不喜歡自己，因而開始排斥工作，甚至故意破壞。表面上看起來，這些人依舊服從管理者的命令，但背地裡卻往往會有意無意地散佈謠言。

所以，一位好的管理者應該站在中立的立場，評估每位部屬的「個人能力」，並公平傾聽所有人的意見，發掘他們的優點並充分利用，不能依自己的喜好選擇要靠近或排斥任何人。

雖然服從命令的人的確討人喜歡，但這種人對團體而言並無實際幫助。反倒是那些和自己不合但對團體有幫助的人，才應該被重用。暫且不論私交如何，至少在公事上，管理者必須要有這種冷靜的判斷。

再者，如能處理好上下關係，讓自己左右逢源，事業就能夠不停進步。人都是有感情的動物，如果部屬對管理者不信任，不肯服從指示，就表示這位管理者無能。只有眞正了解自己的部屬，才能發揮領導作用。

光靠誇大、敷衍的說詞是不具說服力的，誠心鼓勵的話語才能打動人心。例如在傳達命令或交代事項時，熱情地請對方坐下，沏一杯茶，遞一支煙，說幾句體貼問候的話，都會使部屬感受到上級的關心和尊重，也爲談論正題營造了一個良好的氣氛。

雖然說，要求部屬做事是理所當然的，但如果能靈活運用一些人際交往的技巧，往往更能讓員工心悅誠服。那些知識經驗豐富，有行動能力，但卻無法發揮團體力量的管理者，多半都是因爲缺乏與部屬的良好溝通。

簡單的說，做人處事手腕圓融，並且可以做好雙向溝通的管理者，才能對自己的所需和部屬的特長有比較詳細的了解，底下的人也才更願意盡己所能，把分內的工作做得更好。

說話謹慎才能明哲保身

人性是複雜的，掏心掏肺或許可以代表你的真誠和熱情，但是難保別人不會利用你的弱點，將你玩弄於股掌之中。

我們生活在一個龍蛇混雜的社會中，每天都因爲生活上或工作上各種原因與形形色色的人打交道。

在公司裡，除了必須面對上司、同事、客戶，還必須面對衆多的下屬。穿梭在這麼多不同的人之中，想要遊刃有餘地處理好各方人際關係，讓每一個人都能在自己的位置上充分發揮才能，爲公司盡一份心力，的確需要非凡的交際手腕和管理才能。

你必須明白，良好的人際關係，對你的工作有著不可低估，推波助瀾的作用。不只是身居主管職，任何一個上班族都應該學會處理好各種關係，沒有半點馬虎，無論在什麼環境和條件下都是如此。

有的人因爲不懂得人際關係的技巧，以至於總是無意中得罪人，花了大量的精力，做了比別人更多的努力，卻仍然得不到升遷的機會。

那麼，如何處理好與上司的關係？如何使部下更能發揮潛力？使你在工作中如魚得水，在人際關係上左右逢源呢？

不妨回過頭來想想，你是否曾經有過話說到一半，對方的表情卻突然冷下來的經驗？就算事後知道，原來自己當時說了一句不該說的話，但此時，雖然你想向對方表達歉意，可是由於事過境遷，也不曉得該如何提起了。

別忘了一個重點，平時與人交往，不論是上司、下屬，認識和不認識的人，都必須謹言愼行，不要一下子把心掏出來，該說的與不該說的統統全盤托出。

要知道，人性是複雜的，掏心掏肺或許可以代表你的眞誠和熱情，但是難保別人不會利用你的弱點，將你玩弄於股掌之中。

即使對方是你十分熟悉的同事，在工作場合中，也應該視周圍的環境和氣氛選擇談話的主題與內容，不是任何話都可以說的。

休息時也應注意，儘量避免嬉鬧，以及談論與工作無關的事情。否則很容易讓上司或老闆留下不好的印象，甚至因此被炒魷魚。

未免屆時欲哭無淚，所以必須從現在開始就嚴格要求自己，以免到時後悔莫及。要知道，說錯話形同覆水難收，是無法彌補的，不可不慎！

抓住上司的心，就能步步高昇

千萬不要總是用同一招對付不同的上司，而是要憑藉你的機敏，做到「見人説人話」，才是真正圓融的交際手法。

在辦公室裡，想要處理好與上級的關係，最重要的，莫過於摸清你的上級究竟屬於哪種類型。

有些人天生脾氣暴躁，情緒容易失去控制。這樣的上司常常會爲了一些小事大發脾氣，甚至公開斥責下屬，讓人難受極了。

據心理學的推斷，讓下屬害怕的上司，往往只是權力慾作祟而已，既然不可能請他求助心理醫生，唯一可以做到的就是自我保護。

當上司大發雷霆，不要試圖推卸責任或解釋，只要告訴他，自己會注意這種情況，並且會立即著手調查，然後離開現場即可。因爲目標一旦消失，上司就沒有咆哮的對象了。

另外，有些上司往往喜歡抓權不放，除了對下屬的工作吹毛求疵之外，最讓人討厭的是他們會像暴君一樣，連你的私事也過問。

例如，不准你跟其他部門的同事交往，不准你下班後上英文課，不准你在下班時間與同事一起消遣。

但是，充實自己是你的權益，也是在職場打拼最重要的武器，所以切莫放棄業餘的進修課程，更何況上司根本無權反對。

記得，堅持自己的原則，即使上司利用加班制裁你，也不必懼怕。不過，別忘了你反抗的目的只是要爭取自由和主動，而非在公事上與上司作對，而且也不宜在其他人面前批評上司，以免產生後遺症。

如果很不幸的，你有一位欺善怕惡的上司，不僅做事缺乏責任心，也不懂得體諒下屬，疑心病又重，肯定會讓人滿腔怨言。

記住，這時候的你千萬不能隨意向其他部門的同事訴苦，指出上司的不是。想想，就算弄得人盡皆知，這些同事又可以幫上什麼忙呢？只不過是為他們提供了一個茶餘飯後最佳的八卦題材，讓事情越鬧越大，對你並沒有好處。就算這一切都是事實，但站在老闆的立場，絕對不會喜歡背後中傷上司的員工。

另外，許多新官上任、春風得意的上司都喜歡擺出高高在上的架子，讓人看不順眼，只能敢怒不敢言。

但是聰明人肯定明白，跟上司作對只有吃虧的份，然而，拍馬屁也一點都不切實際，因為權勢往往是瞬息萬變的，盲目拍上司的馬屁，有時並不見得划算，一旦公司權力更迭，一切又要從頭來過。

所以，你不妨儘量遷就對方，只要不違背個人的做人原則就夠了。

再者，有眼光的老闆會特別欣賞有創意的職員，因爲這樣的人才不易發掘。所以你若有個足具創意的方案，也可以試著找個適合的時機提出。

如果上司是個開通、願意培養後進的人，你可以找一個較輕鬆的場合，如喝茶或午飯時，詳細解說自已的計劃，如果他贊同，並表示可以預備一份計劃書，稍後呈上讓他仔細參詳，就可以免去一些與擔任此項工作的同事產生矛盾衝突的機會。

不過，上司若是個小心眼的人，奉勸你還是暫且把計劃擱置，伺機直接向老闆提出。但是要避免刻意面見老闆，不如還在每年或每月一次的會議中，大膽而小心地把新意見和盤托出吧！

雖說尊敬上司、服從上司和努力工作，是每一個上班族都必須做到的，但如果遇上難纏的對象，相處上還是要懂得運用一些技巧。

只要記得，千萬不要總是用同一招對付不同的上司，而是要憑藉你的機敏，做到「見人說人話」，才是眞正圓融的交際高手。

靈活變通，做事才輕鬆

我們無法選擇上司，唯一的應對方式，就是隨著情況改變做法。只要能懂得靈活變通，做起事來絕對輕鬆！

在職場之中，除了要懂得抓住上司的心，當你面對一些令人無法忍受的上司時，也必須有不同的應對方式。

假設你的上司經常遲到早退，不只讓你覺得不公平，最讓人受不了的，大概還是會影響工作進度的問題，因爲很多決策不能及時由他批出，一旦出錯，你就免不了得揹上「辦事不力」的黑鍋。

這時候你會怎麼做呢？向老闆申訴？沒錯，此舉確實可以讓你免去揹負黑鍋的麻煩，可是一旦將上司的偷懶情況公開，到頭來，反而可能為自己造成更大的不利！

要知道，一名有遠見的老闆，不會因職員打了一兩次小報告，就對該名主管採取行動，而是會懂得保存對方的尊嚴。

另一方面，身為上司被下屬投訴，實在是一件丟臉至極的事，再寬宏大量的人，也無法容忍這樣的事發生，於是，你立刻成了頂頭上司的眼中釘，以後的日子還會好過嗎？

但是，難道就只能敢怒不敢言？

不妨試試以下的辦法：儘量記錄下上司不在時發生的大小事，以及所有找他的電話，等他出現，立刻如數家珍地逐一向他報告，確實讓他明白，你的公務是如何繁重。

不過，要是你的上司不懂懶散、遲到早退嚴重，卻又喜歡搶人功勞，那麼又該怎麼辦呢？

相信，每個人努力工作、爭取表現，目的就是希望有朝一日獲得賞識，若因爲努力的成果被人據爲己有就打退堂鼓，未免有些消極。再者，一切從頭開始，等於打仗重新佈陣，實在太浪費時間精力了。況且，如果一遇到困難就急著退縮，那麼你也註定難登成功之巔。

這時候，不妨勇敢面對挑戰吧！

一般而言，這類上司在接到重大任務時，必然不假思索就交給你去執行，當任務大功告成，他又會一手接過，將你的辛勞抹煞，一切當作是自己的努力成果，爭取老闆的信任和讚賞。

你當然不能當面拆穿，因爲這只會讓自己處於不利之地。比較理想的做法是，在每一步驟進行時，有意無意爲自己找到見證者。一定要確保有人知曉整件事的來龍去脈，即使最終的功勞讓上司奪走，在公司也必然有人曉得眞相，一傳十，十傳百，就能夠達到你的目的。

有不少人喜歡玩弄權力、公私不分，如果遇上這樣的上司，常常要你替他做私事，肯定讓你十分氣憤。

此時，你要做的就是巧妙拒絕，但必須以不影響前途爲最大前提。要訣就是，得在第一時間說「不」！

如果時間是下班後，那就更好辦了，你可以找個理由，說自己因爲晚上有約會，不能遲到，翌日他再次提出要求，你可以再找理由推卻，一而再再而三，對方就會知難而退了。

若這種事發生在工作時間內，你也可以以工作太多爲由大方拒絕。由於上司本身理虧，不可能強迫你一定得做，只會悶在心底，但只要你工作認眞不犯錯，他也無可奈何。

我們無法選擇自己會遇到何種上司，因而唯一的應對方式，就是隨著情況改變自己的做法。記住，只要懂得靈活變通，那麼做起事情絕對十分輕鬆！

做人圓融就能八面玲瓏

世上沒有搞不定的上司，差別只在於做人夠不夠高明圓融而已。一旦懂得應付之道，做起事情來絕對無往不利。

假使你的上司最愛別人給他戴高帽，一聽到讚美之詞就眉開眼笑，什麼事都好辦，眼見許多同事都因爲精於此道，一個個升職的升職，加薪的加薪，討厭阿諛奉承的你或許會覺得滿腹委屈。

其實，如果能換個角度想，讚賞別人並不見得是一件困難的事，也不一定是虛僞的，重點是要依據事實，而非憑空吹捧。

每個人都有自己的長處和短處，只要你懂得「隱惡揚善」，加一些善意，用詞稍稍誇張一點就可以了，這樣一來既不違背你的良心，又能讓對方高興，何樂而不爲呢？

最簡單的，就是經常留意上司的言行舉動，甚至衣著打扮，只要有一點點是你覺得合意的，就抓緊機會，大方表示心中的好感。只要記住說話時不要矯揉造作，一切就會顯得自然多了。

有些上司其實不是不好，只是因爲太過優柔寡斷，經常朝令夕改，因而讓人辦起事來不知所措。由於他的地位比你高，你似乎也不能當面批評他什麼。

但是，當你自覺無法長久忍氣吞聲時，不妨在適當時候做出某些反應吧！例如遵照上司指示，迅速擬妥一份計劃書，呈上去時，如果對方指出計劃書有所不足，你可以試著委婉反問：「一切都是按您的意思做，您覺得還有什麼地方要改進的嗎？」

多數上司心目中最理想的下屬，往往是願意自動早到遲退，當然，如果工作果眞忙得不得了，犧牲一下私人時間是値得的，正所謂一分耕耘一分收穫。然而如果上司無理要求你超時工作，你就該表明態度，別讓他得寸進尺。

要是遇上魯莽的上司，你多半得跟在他後頭收拾殘局，切忌斥責或企圖教化他，更不可越級向他的上司投訴。

不過，也不必特意爲他隱瞞事實就是了。

有些上司十分固執，又沒耐性，不能容忍別人的錯誤。從某種程度上來看，從這類人身上，可以學習到怎樣迅速達到目標，並乾淨俐落地處理難題，對你未嘗不是一件好事。一旦能達到他的嚴格要求，那麼升遷絕對不是問題。

簡言之，世上沒有搞不定的上司，差別只在於，你究竟懂不懂得方法、做人夠不夠高明圓融而已。一旦可以輕鬆應付各種難纏的對象，那麼做起事情來，絕對是輕鬆而又無往不利的。

輯 8

懂得自保
才能活得更好

想要保護自己不捲入紛爭，
行動前一定要多加思考，
特別是容易帶來負面影響的事情，
更是要三思之後再做決定。

懂得自保才能活得更好

想要保護自己不捲入紛爭，行動前一定要多加思考，特別是容易帶來負面影響的事情，更是要三思之後再做決定。

我們生活在一個瞬息萬變的社會中，壞人似乎比好人還多，工作也總是事與願違，一不留神，生活就會被不知何時得罪的小人弄得面目全非，該如何自保，幾乎已經成了職場人士不可不知的常識。

舉個例來說，如果在偶然的情況下，你無意間獲悉上司與某個同事勾結，利用職權從中獲得利益。看在正直的你眼裡，一定有種想揭發他們的衝動。

但是，奉勸你在做出這項「義舉」之前，還是先詳細分析一下情況再決定。

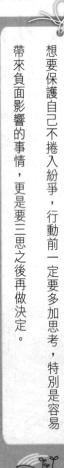

首先，你必須想想，告發他們的目的是什麼？是想揪出這些人，然後趕走他們？還是只想收到殺一儆百的效果？無論怎樣，你必須先考慮到，一旦行動了，將會帶來什麼樣的後果。

老闆知道這件事之後肯定無法容忍，這兩個人可能因此被炒魷魚，同時還會更注重內部的各項制度，甚至立刻著手整頓人事。此舉可能使你成爲不受歡迎的人物，在公司裡被衆人孤立。

另外一種結果，就是老闆默許此事的存在，即使你勇敢告發，也等於枉做小人，多數情況下甚至於事無補，或許還會被人認爲你是個專打小報告的人。

因此，若此事與你的業務並無相關，最好的方法就是接受上司與同事勾結的事實；眞的無法忍受，就只好另謀他就，眼不見爲淨。

假如你剛進公司不久，發現同事們爲了博取上司歡心，讓上司對自己擁有「勤勞」的好印象，因此下班之後仍然會故意留在公司裡，即使工作完成，也寧可找些瑣事來消磨時間，就是不想離開。

這種行爲的確很虛僞，看在眼裡你感到很不以爲然，十分不齒這種事。然而，若你獨排眾議，做完當天工作便準時下班的話，既是不合群的表現，也會令老闆不滿，很容易成爲排擠對象。

如果你正爲此感到頭痛，不妨考慮以下的做法：告訴上司自己下班後還有事情要做，所以必須準時下班，最好像是上進修課或函授之類的理由，這樣對任何人都不會有傷害，你自己也可以名正言順地離去。

想要保護自己不捲入任何紛爭，奉勸你在行動之前一定要多加思考，特別是一些對你來說容易帶來負面影響的事情，更是要三思之後再做決定。

更何況，與其爲了不相干的人事費神，還不如將這些精力用在工作上，好好做出一番亮眼的成績，你說是嗎？

圓融處世，擴大生存空間

職場局勢詭譎，同事之間存在著種種微妙的利益關係，與每個人都保持一定的距離，才是最安全的。

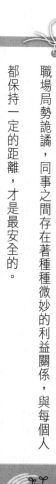

在一起工作久了，多少會覺得有些人和自己很投緣，有些人就是怎看都不順眼，不論怎麼努力也無法喜歡他，在公司裡往往會因此慢慢形成一個個的小團體，這也是人之常情。

但是，如果你想成爲一個成功的上班族，千萬不能輕易以「身爲某一群人」自居，必須與每個人都平等往來，否則便無法建立起完整的訊息網絡，得不到全方位的完整訊息，就很難做出正確的判斷，特別是在重大問題上，一旦有所閃失，就前功盡棄了。

另外，每一個公司裡都有能力好的人與能力不佳的人。通常上司會將重要的工作交給有能力的人以示信任，認爲能力強的人一定能夠不負重託完成任務。但是，這一類人多半也容易驕傲自滿，一旦有了驕矜之心就會鋒芒畢露，因而遭到周圍人的嫉妒。

所以，眞正聰明的人往往懂得明哲保身的道理，行事低調，也不會隨便展現實力，讓人看穿自己的底牌。

當然，職場中少不了會有閒言閒語出現。

正當你努力工作時，可能會有人爲某些原因在上司面前誹謗你，在同事之間貶低你，遇上這種事肯定會讓人十分難過，但你必須明白，現實就是如此。

只有認清這些小人的醜惡嘴臉，如果不能以其人之道還治其人之身，就得奉行「惹不起但躲得起」的法則，避免自身受到無謂的傷害。

要避免這種事發生在自己身上，就要謹記一件事：人與人之間相處，最忌諱

的就是交淺言深，因爲它所造成的負面影響，往往讓你後悔不已。

當大家聚在一起的時候，最喜歡談論的通常就是那些不在場同事的是非。一提到這些道人長短、論人隱私的話題，每個人都會顯得興致勃勃，氣氛也會變得熱烈起來。

但是，這類話題卻是是非的根源，不論提起話頭的人是否有惡意，到最後都會變成謠言與批評，等到傳到當事人耳中，往往已被添油加醋，面目全非。

大家都知道道人長短不好，可是卻還是忍不住八卦的天性。然而將心比心，人人都有可能成爲被討論的對象，但也沒有人希望自己成爲被討論的對象。

因此，當你從他人口中聽到任何蜚短流長時，也不要任意附和，避免涉入任何小圈子，對謠言一笑置之，如此才能在職場中永續生存。

你是否有過這樣的經歷？和你很熟的同事興沖沖地跟你分享一個可以爭取升職與加薪的好機會，於是你也高興地和他一起努力了。但是事情完成後，卻只有同事獲得升職與褒揚，同樣辛苦的你卻全然被忽略。

對方將全部功勞據爲己有，並在上司面前邀功的小人行徑，一定讓你感到怒不可遏，恨不得立刻揭穿他，但別忘了，衝動行事是不會有什麼好結果的。

爲了避免遭人利用，建議你，下回遇上類似狀況，在打算接受提議時，就應當把各人所負責完成的部分清楚記錄下來，甚至留下執行過程的種種資料，留待以後作爲參考。

切記，職場局勢詭譎，同事之間可能存在著種種微妙的利益關係，因此千萬不能輕易與人交心，與每個人都保持一定的距離才是最安全的。

適時說不，別做不合理讓步

如果為了顧及情面而不敢拒絕別人，就得承接來自他人的種種不合理要求。然而，這種結果是你要的嗎？

理想的人際關係應以彼此間的尊重和體諒爲基礎，可惜的是，現實往往總是讓我們失望。

有些人常常對別人提出要求與試探，除非對方大聲拒絕，否則絕不罷休。但許多人往往不懂得，或不好意思拒絕這些請求，只能悶著頭接受不屬於自己的工作，甚至還得不到尊重。

小王公司有個能言善道的同事，三番兩次請小王幫忙自己的工作。雖然小王一向是個好好先生，可是他也知道，自己的好心只是讓同事有更多的時間玩樂。但卻總是找不到適合的時機、場合和理由，婉言謝絕對方的要求。

像小王這樣的人不少，他們往往爲了得到別人的認同而犧牲了自己的時間，不知道該怎樣拒絕別人，因此吃了不少虧。

如果你也面臨相同的困擾，不妨試著學習利用一些方法表達自己的感覺，以保護你的權益並獲得別人的尊重。

在此，簡單列出幾個拒絕他人不合理要求的方法，以供參考：

・斬釘截鐵地說明自己的立場

許多人以爲斬釘截鐵的說話方式，就意味著令人不快或者蓄意冒犯。事實上，唯有大膽自信地表明你的想法，才能聲明你的立場不容侵犯。

・拒絕做你最厭惡、也未必是你職責範圍內的事

・面對盛氣凌人的人，可以用相同的方式以牙還牙

遇到那些愛吹毛求疵、強詞奪理、讓人覺得厭煩的人，大可以冷靜指正他們不合情理的行爲；你表現得越是平靜、越是直言不諱，被欺負的機會就越少。

• 要有勇氣說「不」

• 你有權利支配自己的時間，做自己喜歡的事情

從繁忙的工作中脫身休息是理所當然的。支配自己休息和娛樂的時間更是無可非議，這是不容他人侵犯的正當權益。

記住，一個人被別人如何對待，完全是自找的。對方要是想得到你的尊重，首先就要懂得自我尊重才行。

把這一點當成平日做人處事的原則，日子就能過得愉快一點。想想，如果爲了顧及情面而不敢拒絕別人，就得承接來自他人的種種不合理要求，然而，這種結果是你要的嗎？

化解身邊的矛盾與嫉妒

想要化解身邊困擾著自己的矛盾與嫉妒情緒，毫無疑問，你必須憑藉「溝通」這個有效法寶。

溝通不是萬能，沒有溝通卻是萬萬不能。

和睦的工作氛圍是提升團隊向心力與效率的關鍵，這種氣氛，是在同事、上下級間做好溝通的前提下形成的。

溝通可以使同事間的矛盾由大化小、小而化了，更可以修復因摩擦產生的心靈傷痕，創造其樂融融的工作氣氛。

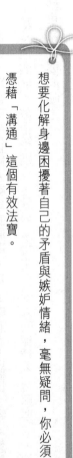

溝通的最主要功效之一，在於化解矛盾。

親朋好友之間，磕磕絆絆在所難免，與同事相處的過程中，自然也免不了糾紛、衝突、多多少少會有不愉快的事情發生。

學會溝通，可以使一切糾紛矛盾在交流中得到化解，從而鞏固人際關係，帶動事業蓬勃發展。

工作中，面對一些同事做了對不起自己的事，說了對不起自己的話，應該充分利用溝通了解問題或誤會產生的癥結所在，加以化解。一味地針鋒相對、以牙還牙是錯誤的做法，絕對無濟於事。

遇到比較難以化解的矛盾，更要仰仗溝通，讓對方瞭解自己的想法。當然，這要以眞誠的心爲前提。若是心口不一，表面上爲了講和，實際上卻是在爲自己辯解、推卸責任，必定收不到理想效果。

溝通的另一功效，在化解嫉妒。

嫉妒之心人皆有之，嫉妒的對象也因人而異，例如男人會嫉妒他人的地位、能力，女人會嫉妒他人的美貌，商人會嫉妒他人發大財，爲官者會嫉妒他人順利升遷……等等。

從本質上說，嫉妒就是看不得別人比自己強的一種心理失衡。那麼，該如何避開嫉妒的暗箭，防止它傷害他人或自己呢？

我們可以參照以下幾點：

・視而不見

面對嫉妒心很強的人，即使你對他再寬容友好，多半都無濟於事。

最好的辦法是視而不見，不加理睬，因爲與這種人往往沒有道理可講，更難以順利溝通。

「沉默是最有力的反抗」，對無法消除的嫉妒，就由它去吧！

・不要輕易嶄露鋒芒

一個人若非常有才華，或者長相十分漂亮，難免會遭人嫉妒。在這種情況下，如果再刻意招搖，嫉妒者必定只會增加，不會減少，使自己成爲被攻擊的對象，處於孤立的境地。

爲了避免陷入如此困境，不如適度地對自己加以貶低、自嘲，或者在一些輕鬆的場合故意顯露出不足，以求得自保。

・學會容忍，以德報怨

與具強烈嫉妒心的同事針鋒相對，不會產生任何作用。

事實上，你大不必因爲對方表現的嫉妒而生氣，反而應該高興，因爲那種表現證明了你的過人實力。

所以，你大可以寬容大度的心看待一切，與他友好相處，在適當的時候給他一分關心和幫助，適度化解一部分嫉妒。

想要化解身邊困擾著自己的矛盾與嫉妒情緒，毫無疑問，你必須憑藉「溝通」這個有效法寶。

人際間的爭執，處理要明智

無論狀況多麼嚴重，都會有解決的方法，因此不該逃避問題，要以積極態度展開溝通，以求消除分歧，達成共識。

朋友相處，難免會碰上一些「麻煩」，如爭吵、彆扭、意見不合、經濟糾紛等等。如處理不好，就會造成友情破裂，甚至反目相向；處理得及時妥善，則多半可盡釋前嫌，和好如初。

糾紛的產生是正常的，能否及時妥善處理最爲重要。

與朋友發生爭論時，正確溝通態度應該是「求同存異」。「求同」，以在爭論中提高自己的論點可信度；「存異」，以客觀容許多種不同的看法存在。

無論如何，切記不要正面衝突，並應致力於緩和氣氛。畢竟正面衝突多半無益於溝通，徒然使雙方都感到難堪，下不了台。

如果不幸和朋友間出現爭論，必須秉持這樣的態度：針對重要原則問題，可以心平氣和並開誠佈公地討論，若只是細枝末節的東西，大可不必浪費力氣，非要爭個你死我活，分出勝負不可，因爲這麼做沒有意義。

即便是親密的朋友，因見解殊離產生對立也是正常不過的事情。分歧產生難免導致某種程度上的疏離，這時候，若想繼續維持彼此的情誼，就該遵循以下原則，主動和朋友溝通。

• 繼續保持忠誠和信任

不要因爲觀點存在分歧而詆毀對方，這是沒有氣度的行爲。基於道義，你還是應儘量維護朋友的威信、觀點，幫他說話。

・暫時拉開距離

儘量使雙方的分歧維持在「冷凍」狀態，讓時間和事實來證明究竟誰是正確的，誰是錯誤的，避免讓糾紛繼續擴大。

・保持平等和尊重

不要固執地認爲自己的想法一定是對的，別人一定是錯的，更要記住一點：朋友之間沒有高低之分。就算自己眞的是對的，也要給對方應有的尊重，千萬不可表現出得理不饒人的尖銳態度。

・積極尋求解決之道

時間愈久，分歧可能導致的副作用就越大。

無論狀況多麼嚴重，都會有解決的方法，因此不該逃避問題，要以積極態度展開溝通，以求消除分歧，達成共識。

面對上司，更要小心翼翼

如果對上司交代的事不了解或有不同的意見，仔細思考之後，可以冷靜和上司商量，但千萬不能有情緒化的表現。

在互動頻繁且情勢變化快速的現代社會，人際關係就像一把雙面刃，掌握得好，不愁做事得不到成效；掌握得不好，則必定難逃腹背受敵，遭人落井下石的下場。因此，必須學會圓融做人的各項技巧，並確實加以運用。

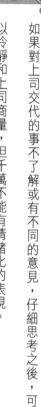

你可以是個才能普通的人，但不能是個做事隨便的人。尤其身爲上班族，更應該注重小地方，以免因細節誤了大事，讓自己後悔。

在日常工作中，你或許會無意間觸犯一些禁忌。儘管這對你而言可能是微不足道的，但若因爲這些無心之過使別人對你產生負面的評價，那麼它就不再是一件微不足道的小事，所產生的後果也可能難以彌補。可以說，仔細留心這些禁忌，盡可能不觸及它的人，才是一個成功的上班族。

提及「禁忌」二字，很容易使人聯想到那些傳統呆板的「教條式」道德規範。這兩者之間的確也有著一個共通點：那就是雖然看似死板，但卻不容忽視。許多傳統都隱含著前人的生活智慧，並不僅僅是「規範」而已。你可以是新新人類，但職場上該有的規矩卻不能不遵行，畢竟，依循社會的生存方式才是最安全的。

如果想讓你的人際關係更加圓滿，事業更穩固，任何時候在面對上司的時候，請記住以下幾項實用祕訣：

●上司站在面前時不可以坐著答話

當上司走到辦公桌前和你說話時，你必須馬上站起來答話，這是一項基本禮貌。

不過，有種情況可以例外。當你坐在電腦面前，而上司站在你的後方，這時如果拉開椅子站起來，他面對的便會是你的後背，但若因而改變自己的方向又有些不便。而且無論你用什麼方式站立，都會使上看不見你的工作狀況，在這種情況下可以坐著答話。

另外，如果上司想翻閱文件書面資料或是使用各項文具，應以上司方便使用爲原則，以物品的柄部遞向對方。

這些小動作不僅適用於和上司的互動，在平日與同事相處時也應注意。這是一種體貼的表現，也是獲取良好人際關係的關鍵。

●與上司交談時應有禮貌

當上司交代你做事的時候，會提出各項說明，這時要避免中途插嘴打斷他的話。因爲這些說明也許只是經過，結論並不像你想的一樣，中途打岔表示你有意見，這項舉動除了會讓別人認爲你很輕率之外，也有輕蔑上司的味道。

所以這時候，你不妨靜靜地聽，並適時地點點頭，或者答「是」，表示自己了解對方所交代的內容。

尤其，上司說明事項的時候，最忌諱下屬以否定的言詞打斷他，並說些潑冷水的話，例如：「這恐怕做不到吧」……等等。

除了不要在對方話還沒有說完就表示反對外，即使在他交代完畢之後，也不要立刻表示否定的意見。

如果對上司所交代的事情還有不了解的地方，或是有不同的意見，經過仔細思考之後，可以冷靜地和上司商量，千萬不要有情緒化的表現，以免讓人認爲你是在故意唱反調。

要是你的意見最終還是和上司無法取得協議，那麼最好還是服從命令，並且確實執行。因爲公司就是靠員工和上司的合作才得以發展，如果每一個人都自以爲是，不肯服從上司的命令，各做各的，公司體制就天下大亂了！

況且，一旦上司的指令眞的造成損失，公司追究下來時，至少你還可以釐清一些業務上的責任。

‧比上司先行離去時應有的禮貌

結束了一天的工作，下班之後是解除拘束回到自我的時候。不過，如果自己的工作已經結束，而上司卻還在辦公室時，該怎麼辦？

這個時候，不妨禮貌性地問一句：「有沒有需要我幫忙的地方？」「對不起！我先走了。」或「您辛苦了！」

千萬不要一聲不響地離去，這是很不禮貌的；一定要和還在工作的同事或上司打招呼，以免留給別人不好的印象。

做事仔細，才不會惹人非議

如果一個人的工作態度漫不經心，就算為人隨和，還是會惹人非議。別忘了，凡事慎重仔細也是辦公室的基本禮儀。

人不能只活在自己的世界中，一味以自己的眼光看待別人。

美國一位行爲學家，在研究人類「沉悶行爲」多年後，歸納出以下幾種「討厭的人常做的討厭事」。

了解這些，對於上班族的人際關係來說是十分有幫助的，只要提醒自己避免這些行爲，多半就能免去被列爲「不受歡迎人物」的命運。

1. 言語冷淡單調，缺乏熱情。

2.尖酸刻薄，惡意多於善意。

3.談話內容狹隘，而且多以個人的喜好或活動為主，從不考慮別人的感受。經常打斷別人的話題，強行表達自己的意見，破壞眾人興致。

4.常以「某某是我的朋友」來抬高身價，誇耀自己的優點及成就。

5.通常喜歡扮演「萬事通」的角色，一副對任何事都十分了解的樣子。

6.過度謙虛，讓人覺得肉麻虛偽；過分取悅別人到近乎奉承的地步。

7.經常向人訴苦。逢人便鉅細靡遺地述說自己的遭遇，並且抱怨命運。同時拒絕嘗試新事物，也不肯配合大家。

8.過度輕率，凡事不經大腦，說話內容毫無主見，人云亦云。

9.自我膨脹，一派捨我其誰的狂妄態度；以自大誇耀來掩飾自己的怯懦無能，甚至肆意詆毀別人，揭人隱私。

10.對人對事從不認真，態度曖昧，模稜兩可。

雖然說每個人的性格各不相同，生活環境也都不一樣，習慣自然也會因此而有所差異，但無論如何，某些行爲還是必須儘量避免，才不至於讓周遭的人感到不舒服。

例如，對他人的事過分好奇、動作拖拉、做事漫不經心、過度吹毛求疵、動輒就發脾氣、不肯承認自己的錯、態度傲慢、盛氣凌人、愛自吹自擂……等，這些都是絕大部分人討厭的行爲。

許多人際關係差的人，多半都具有上述一種，甚至數種以上的人格特質。如果你想成爲一個受歡迎的人，那麼就要極力避免犯這種錯誤。

面對打擊要優雅反擊

不管面對什麼樣的人，柔中帶剛又不失風度的應對方式都是最好的回應，不只能展現氣度，也能給予有效的反擊。

或許你已經了解了哪些行爲是令人反感的，也懂得該如何應對進退才能做到處處圓融，但無論身在哪種環境，身邊難免還是會有一些討厭的人存在。

這些人很可能就是你的朋友、同事或上司；在公開場合，他們會毫不避諱地提起一些你不想再提的往事或隱私，大談你做過的傻事和鬧出的笑話。

這些當然會使你尷尬萬分，但此時的你不妨保持沉默，想辦法扭轉局面。

如果對方是故意使你處於尷尬窘迫的境地，可能是因爲他們覺得在某方面來說，你的存在你對他構成威脅，或是想報復你曾經做過得罪他的事；但也很有可能對方只是習慣開玩笑，壓根就沒有意識到你會因此受到傷害。

對於第二種人，我們沒有必要追究他們的所作所爲，只要當面向他指出失禮之處，這些遲鈍的冒犯者通常會向你表示歉意。

至於第一類人，就必須根據情形選擇你的應變之道了。

面對故意的羞辱，你可以採用比較激烈的方法，遏止這種羞辱繼續下去。比如：「你已經使我難堪了，不介意的話，不妨告訴我是什麼緣故？」或者：「你似乎話中帶刺，是不是我做了什麼讓你覺得不高興？」

無論如何都要避免動怒，千萬別大動肝火，如果自己先失去冷靜，反而會讓對方佔上風，讓周圍的人覺得你器量狹小。

可以說，不管面對什麼樣的人，這種柔中帶剛又不失風度的應對方式，都是最好的回應，不只展現出你的氣度，也能給予對方一個有效的反擊。

關鍵時刻更要有好的表現

一位對公司有向心力的好員工應該盡力展現出自己的敬業。尤其在公司亟需人手的時候，更是積極表現的好時機。

時間對於多數上班族來說，似乎永遠都不夠用。許多人經常感歎工作佔去了大部分時間，甚至連休閒放鬆的機會都沒有，卻依舊沒有成就。事實上，如果你能夠合理、有效地利用有限的工作時間，不僅可以保有自己的生活，工作成效也能跟著大大提高。

說到有效利用時間，最基本的就是要做到守時。

守時對於提高自身信用是很重要的；不遲到，更是上班族最基本的工作態度。因此，若想讓時間得到更有效的利用，不僅要做到不遲到，還應盡可能比規定的時間更早一點到，這樣就可以早點開始一天的業務。如果時間快到才匆匆忙忙跑進公司打卡，那麼就已經輸了別人一大步了。

或許你會認爲雖然自己常常遲到，做的事卻比別人多，但再怎麼說，就工作及人際關係而言，這終究不是一個好現象。

因此，要是你偶爾因交通或其他特殊情況而有所延誤，一定要及時和公司取得聯繫。不要等到了公司才急忙向上司解釋，更不可以遲到了還若無其事地走進辦公室，用滿不在乎的態度解釋原因。

日本電產公司長時間實地觀察統計早到及遲到的人，得出的結論是：上班遲到的人，多數工作成績都比較差；上班時姍姍來遲，帶著滿臉睡意匆忙進公司的人，往往也做不出像樣的工作。

世界上沒有事事都出色的全才。但是，如果有充裕的時間，採取行動之前有三思的餘地，每個人都可以把事情做得更完善。相反的，如果事事都匆匆忙忙，當然容易產生差錯。

進一步來說，一位對公司有向心力的好員工，也應該在合理範圍內儘量配合公司的需求，以展現出自己敬業的態度。尤其是在重要的日子裡，員工無論如何都不能缺席。

因爲，對許多公司而言，有些紀念日或特殊的日子非常重要，身爲公司的一份子當然也要同樣重視。

有一家成衣廠，將每年十月定爲「年度開張月」，這段時間也是每年過年前衝刺業績的重要時期。通常這個時候，公司上上下下都忙得不可開交，任何理由都不可以休假，即使生病，只要還能工作，都得進公司上班。在這種情況下沒有一個人敢休息，因爲即使是病重無法上班才不得不請假，也會引起別人的怨言，被認爲不負責任。

遇到這種情況，很多人往往會抱怨公司不近情理。不過，事實上，就算是平時，面臨自己負責的工作也不能因故缺席。更別說非常時期，每個人所負的責任比往往平時重要許多，當然更不能有逃避的心態。

爲了自己方便，卻在重要的日子請假，必定會造成別人的不方便。懂得這個道理的人，一定不會隨便缺席。

一個人是否負責，從這裡就可以看出一二。

要知道，一位對公司有向心力的好員工應該盡力展現出自己的敬業。尤其在公司亟需人手的時候，更是積極表現的大好時機。

冷靜有助於化解歧異

讓自己永遠保持冷靜、寬容和坦誠的態度。因為只有壓抑住自己的怒火，才能令對方的憤怒消解。

待人必須坦誠，在工作中，無論是上級、同事，還是部屬，都應該一視同仁，彼此坦誠相見。

事實上，工作中的許多抱怨和不滿，都是因爲某些誤解和猜疑造成的，如果不能彼此敞開心扉，相互諒解，就很容易造成積怨，甚至發生一些不該發生的事，蒙受不必要的損失。

作爲管理人員，排難解紛是職責之一，但要如何才能公正地處理呢？

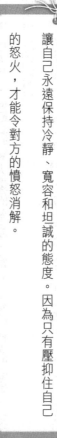

遭遇問題，切記先將情況徹底釐清，哪些屬於公事？哪些屬於私事？是與整家公司有關，還是只與自己負責的部門有關？從各個方面了解事情的實際情況。比如，時間、地點，以及以前是否曾經發生過類似的事情，當時如何解決？結果如何？是否造成任何後遺症？

了解之後，再寫下自己認為可行的解決方法。參考以往的類似個案或公司的處理模式，仔細考慮每一種方法的可行性。不要忽略任何一個從腦海掠過的方案，但要客觀，切忌先入為主。把每項方法的好與壞兩方面情況都加以蒐集、比較，更有利於做出全面的了解。

有些管理人員，面對脾氣火爆的部屬，常有不知所措的感覺。知道不能姑息，卻又難以控制對方。

當這樣的人犯了錯誤，作為上司的自然必須予以批評糾正。一般人被批評時都會憤怒，這是一種保護自己的自然行為，所以聰明的上司要做的是壓抑怒火，令他真正面對自己的錯處。

不妨坦誠地說：「我了解你是個成熟的人，不會因爲我的批評而怒不可遏，而是理智的就事論事，對吧？」

再提醒對方，雖然對他此次的任務不滿意，但並不等於不肯再給他發揮的機會，重要的是只要他有進步的表現。

若是對方依然怒目而視，那麼不妨先休息一會，等會兒再繼續談。或者，說服他平靜下來，然後再慢慢剖析這件事，並清楚告訴他，憤怒只會讓其他人也受到影響，沒有任何好處。

不過，最重要的，還是自己本身千萬不可因受到刺激而大發脾氣，只有壓抑住怒火，才能令對方的憤怒消解。

保持冷靜、寬容和坦誠態度，是圓融人際關係的前提。

比如，客戶向你投訴某位部屬十分無禮又欠缺責任感，讓他難以忍受。

這時，身爲上司，首先要做的是立即替部屬向這位客戶道歉：「對不起，他可能只是無心的，平日他的表現不是這樣。我保證以後不會再有同樣的事情發生，請多多包涵。」

既然下屬做事不力，上司就必須負一定的責任。將客戶的怒火平息，不等於事情結束，必須進一步和部屬溝通。

立刻找部屬來責備一番，也許可以消自己的怒氣，但未必會有好的效果，這樣做是最不明智的。

應該先靜下心情，對事情進行了解：這位部屬平日待人是否也是一派傲氣？處事是否馬馬虎虎？如果是否定的，那麼有兩個可能性，一是客戶本身咄咄逼人，二是部屬偶爾情緒不好，導致態度不佳。

這時，要以坦誠的態度開門見山地提醒這位部屬，以後要注意自己的情緒起伏，不要影響工作，否則將會得不償失。

但如果客戶反映的是事實，那麼就必須找部屬誠懇地談一談，直接轉告客戶的意見，並予以訓誡。斥責的前提是帶著愛心和誠意，並就事論事，避免把事情擴大。再怎麼說，與部屬談話的目的是要解決問題，並非製造更多麻煩。

畢竟，做人保持圓融，做事才會輕鬆。

輯 9

懂得做人，更懂得用人

身為管理階層，不只要圓融做人，
還要懂得用人之道。如此一來，
才能真正做到輕輕鬆鬆、遊刃有餘。

找到訣竅，與上司相處融洽

一旦了解上司的個性，就好像抓住對方的小辮子。好好歸納上司的性格、品行及特點，就能決定應該如何與之相處。

任何人步入社會，都會遇到一種叫做「上司」的人。他們掌握著自己的升遷和降職，直接對自己的薪水袋發揮作用。在這些人之中，不乏有驕橫跋扈、貪婪集權之輩，當然也有通情達理，知人善任的人。

如果能在和上司相處的過程中，懂得應對進退，那麼你的事業將形同踏上坦途，距離成功也越來越接近。

因此，熟悉上司的興趣、嗜好，了解上司的個性，以及掌握上司的家庭背景等周邊情況，並適時合宜地加以運用，就成了身爲部屬者必備的常識之一；另外，休假、節日時與上司的禮尙往來，也是不可忽視的一環。

有人認爲，工作以外的時間不必費那種心思。這種論調乍聽之下好像有點道理，但在實際情形之中是會讓人吃虧的。也許上司本來有意想拉你一把，卻覺得你似乎不是與他很熱絡，慢慢的，也許就漸漸不再想到你，而是注意到其他更有手腕的同事，這不是莫大的損失嗎？

不妨試著把上司及上司家人的生日，在桌曆上做個醒目的記號。最好是記在生日當天的前兩三天處，這樣可以提醒自己及早做準備，以免太過倉促。千萬不要等別人的生日已經過了，才故作恍然大悟的樣子。事前的一張小小的賀卡，效果都大過事後的任何「補救措施」。

若是生日的前幾天正巧是假日或節日，就可以名正言順地買點禮物做賀禮，親自送到對方家中。如果是重要的上司，除了送禮物之外，甚至還可以爲他辦一個生日宴會，這也是一招很管用的戰術。

雖然下屬送禮祝賀上司家人的生日，會讓人認爲是在拍馬屁，但是無論如何，對方還是會欣然接受這種祝賀，並對送禮的人心存好感。

想想，讓人覺得高興，感到快樂幸福，不正是打好人際關係最好的方法嗎？尤其是對自己的上司和他的家人，更是忽視不得。

另外，最好能養成每天上班前瀏覽新聞的習慣，注意當天是否有什麼重大事件。一旦發現客戶或是上司住處附近，發生火警或盜竊等事件時，就可以馬上打電話探問。即使離事件的發生地有一段距離，還是可以表達關心。要知道，這種忠誠和好意不僅上司本身，就連上司的家人也會產生好感。

尤其，如果事件發生在重要客戶的公司附近，最好儘快向上司報告，請他打電話去探問。這對上司是非常有幫助的，不但會高興地撥這個電話，而且對提供消息的部屬也會心存感激，或留下細心的好印象。對下屬來說，無異是另一種接近上司的方法。

不過，在使用這個方式時，一定要注意到事件的時效性。事件發生當下出現的關心電話，一定比事過境遷後的電話更令人感動。

還有，必須打電話探問的事件，大致上是重大的天災、車禍或是火警，甚至是死亡訃告等等。向死者致意，是討好生者最好的方法之一，這種發自內心的誠意，最能引發別人的同感。

另外，了解上司的個性也很重要。不同的人有不同的性格，不妨試著了解與你每天相處八小時的上司，性格是否和自己相衝突。

一旦了解上司的個性，就好像抓住對方的小辮子一樣，好好歸納出上司的性格、品行及特點，就能決定自己應該如何與上司相處。

無論如何，知己知彼並運用圓融的交際手腕，方能在表現自己之餘，和上司相處融洽，進而讓職場之路走得更順暢。

別讓婦人之仁拖累前程

別錯把無謂的心軟當成圓融，感情用事並不會讓事情變得更輕鬆，只會造成你的障礙，甚至為你帶來危機！

很多人都想在辦公室裡當個好人，但實際狀況卻總是事與願違，既得不到晉升又受盡委屈。因此，還不如痛下決心，樹立起你在辦公室裡的威信。

不知你是否聽過以下這則寓言：

一匹狼跑到牧羊人的農場，想捉一隻小羊果腹。

這時，牧羊人的獵犬追了過來，這隻獵犬非常高大兇猛，野狼見打不過也跑不掉，便趴在地上流著眼淚哀求，並發誓再也不打這些羊的主意了。

獵犬看到牠的眼淚，心裡非常不忍，便放了這匹狼。

想不到就在獵犬轉身的那一瞬間，狼一躍而上咬住了獵犬的脖子，幸虧主人及時趕到，但獵犬還是因此流了不少血，重傷的獵犬這才後悔，當初實在不應該相信野狼的話。

雖然「婦人之仁」有時可以發揮很大的感化力量，但是很多時候，尤其是人性的叢林中，「婦人之仁」往往也會成爲一個人生存的負擔，甚至是致命傷。

就像前面寓言中所敘述的，獵犬就是因爲婦人之仁而差點丟了小命。同樣的，在職場中，過多的婦人之仁也很容易讓人動搖意志與理性，放棄原先的立場，因而傷害到自己。

要知道，當一個人的惡行因爲你的婦人之仁獲得寬容，他不見得會就此悔改，也許，反而有另外的機會犯下惡行，對更多人造成傷害。尤其，當你身爲主管的時候，千萬別讓你的婦人之仁成爲弱點，成爲人人想利用的目標，須知，一且敗在眼淚、溫情、請求及無辜可憐外表的之下，你將成爲最大的受害者！

一般來說，愛當好人的管理者，通常有以下幾種類型：

- 害怕遭到部屬反對，乾脆一開始就什麼也不說，這樣就不會得罪人。
- 說再多次也沒有人會遵守，最後因為沒有耐心而放棄。
- 缺乏管理智慧，結果在權威的壓力下，部屬們都很有技巧地應付，但背地裡卻想盡辦法推託責任。

以上種種，對於工作的進行是毫無效率可言的，這樣的爛好人只能說是嚴重失職的管理者。因此，如果你天生就有一顆柔軟的心，就應該要訓練自己的思考與判斷，用理性與智慧來指導行爲，不要輕易讓感情牽動。

當然，這是需要時間，但人不就是要經過這樣的磨練，才能培養出果斷的領導力嗎？切記，別錯把無謂的心軟當成圓融的手腕，眞正的圓融是有技巧地包裝原則，而非放棄自己的立場。感情用事並不會讓事情變得更輕鬆，只會造成你的障礙，甚至爲你帶來危機！

一味退讓，不是真正的圓融

圓融不是一味的退讓，在該板起臉時勇敢板起臉，該圓滑處事時扮演白臉，才是辦公室裡的最佳生存之道。

好人是現實社會裡的稀有動物，在辦公室裡似乎應該受到歡迎才對。因爲好人不具備侵略性，不會傷害別人，有時甚至還會爲了別人寧願自己吃虧。

但是這種人卻會過得很辛苦，所以才會有「好人難做」的抱怨出現。

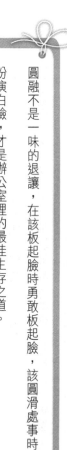

其實，好人做得這麼辛苦，是因爲我們不懂得做那種恰到好處，利人又利己的眞正好人，結果反而成了一文不值的「爛好人」。

「爛好人」對人往往不講原則、缺乏主見，處處委屈自己順從他人，這種人性格不堅定，對自我價值認識不夠，因此會過分注意別人對自己的評價，違背心意幫助別人，只爲了在別人心目中留下一個好印象。

但是，最後的結果總是事與願違，你越想得到別人的認同，別人越是敢對你苛刻，越受到苛刻對待，你就越加倍努力以贏得別人的稱讚。這種惡性循環，使你在辦公室競賽中疲憊不堪，甚至做到死也未必會贏得好人的名聲。

陳靜曾在七家公司任過職，當她進入第八家公司之後，為自己訂下的第一個目標，就是儘量以和諧的人際關係為處事風格。

因為她深信，只有這樣才能為事業的成功鋪路，於是乎事事逢迎，以求換取好人緣。但也因為她好說話，同事們漸漸養成了瑣事皆請她代勞的習慣，買便當、送報紙、影印文件……等等，她也總是有求必應。

沒想到雜事做多了，分內工作卻因而經常耽擱，反而給上司留下辦事拖拉、手忙腳亂的印象。原本想調整自己的形象，但不幸的是，同事們摸熟了她的個性，凡事都麻煩她，如果稍加猶豫就立刻冷下臉來。

一天，快下班的時候，有事提早離開的秘書請她幫忙，將一份快遞轉交給經理，由於經理出席會議不在，她便把快遞放到經理的辦公桌上。

第二天，經理卻詢問她是否看到快遞。原來，這份重要文件遺失了，她唯恐推卸責任會得罪秘書，只好義無反顧地承擔過錯。誰知老闆追究下來，竟不留情面地將她解雇。

聽起來也許很悲哀，但「欺軟怕硬」是人性的定律，習慣了享受你的好心後，誰也不會珍惜垂手可得的便利和送上門的幫助。

你是否也像這樣，辛辛苦苦地想做好人，卻搞錯了方向，成了名副其實的「爛好人」，卻只能自歎好心沒好報呢？

事實上，職場競爭激烈，已經沒有多少時間讓你歎息了，建議你還是趕快重整心情與形象，勇敢地學著扮黑臉吧！

別忘了，圓融不是一味的退讓，在該板起臉時勇敢板起臉，該圓滑處事時扮演白臉，才是辦公室裡的最佳生存之道。

恩威並施才是真管理

身為一個稱職的管理者，不僅要適時板起面孔，也要適度的讓人感受你的開明，如此才能達到恩威並施的效果。

生活中令人不愉快的事很多，特別是一些無可奈何的事情，躲不開也避不了。常常是心裡想拒絕對方，可一時又找不到合適的理由和辦法，那種處境的確讓人十分尷尬。

不過，你知道嗎？學會拒絕，勇敢說「不」，其實也是一門必修的處世學問。世間的事千變萬化，不同的人，拒絕的方法也不同。如果從關係分類，大約可以分爲以下幾種：

・同事

同事是一種很平常的工作關係，除了上下級之分，大多數應該是平等的。由於接觸頻繁難免熟識，發展出友誼也是人之常情。

如果有人在這個階段，憑藉這層「同事關係」有意向你靠近，或者對你有所求，那該怎麼辦呢？當然，拒絕是一定的，方式也有很多，但是必須要把握一點，那就是委婉。

比如，女同事想拒絕男同事的邀約，可請男性友人扮成男朋友，以期讓對方死心。又如果某位同事以好朋友的名義向你借錢，而且金額不小，你也應該婉言告訴他，最近手頭較緊，「假使」以後有能力一定會相助。

・朋友

如果是好朋友，由於彼此互相了解，拒絕起來相對會困難一些。

拒絕熟人若採取推諉的方式，難免會讓對方覺得你在繞圈子，反而會得罪

他。因此不如乾脆把事情說開，將利害關係全部說個清楚，能不能答應，就讓他自己回答。

若是明理的人，了解你的難處之後便不會強人所難。若對方硬是要勉強你，不妨直言相告，得罪也無妨。

・當你遇到無賴

生活中，還有一種人是潛藏在各種關係之中的。不管是戀愛、交友、工作，缺乏風度的無賴，往往會以各種不同的身分出現。對待這樣的人千萬不能遷就，無論是老闆還是員工，絕對不能姑息對方的無理。

懂得如何做個「惡人」，並不是一件簡單的事，其中的哲學也不是人人都能駕輕就熟的。但是，如果了解到這麼做的好處之後，相信你也會願意朝著這個目標努力邁進。

小瑩是一家技術諮詢公司的財務主管。由於公司鼓勵員工進修，並提供讓員工報銷培訓費用的福利，員工們對於這項措施反應相當熱烈，經常有人拿著進修單據向小瑩核銷。

一次，市調部的小莉拿著一張美容學校的繳費收據找小瑩報銷，小瑩仔細審核後，告訴她這種費用不在報銷之列。

雖然小莉向她強調，經理已經簽字批准了，小瑩仍堅持這項培訓與業務無關，除非公司修改規定，否則不予報銷。

兩人你一言我一語地爭執起來，最後鬧到總經理辦公室，結果小莉慘敗，小瑩則給總經理留下了不徇私的印象。

不久，小瑩被擢升為人事部經理。有鑑於那一次的風波，同事們幫她取了「冷面悍將」的封號，只要是有悖原則的事，誰都不敢在她面前搞鬼，部屬們也被她的威嚴震懾，沒人敢有絲毫懈怠。

小瑩的部門也因此在公司裡擁有十分亮眼的業績。

一個不苟言笑，具有威嚴的人，遠比一個一團和氣卻嚴肅不足的人，更讓人覺得可以勝任管理工作。

因爲這種人看起來面黑手狠，能讓人心生敬畏。

如果你希望得到升遷和尊重，就從現在開始培養面目冷峻，堅持原則的作風吧！因爲你的「惡」絕對可以幫你排除不少干擾。

當然，身爲一個稱職的管理者，不僅要適時板起面孔，也要能適度的讓人感受你的開明，如此才能做到恩威並施，讓人既愛戴，又不敢有所僭越。

圓融處世，仍要有所堅持

> 要懂得視情況而定，該圓融時圓融，該強勢時也要能挺起胸膛，
>
> 才能在靈活變通之餘，同時不失堅持。

在工作場合之中，若你能把自己定位為「難惹而據理不讓」的人，就能有選擇地排除許多額外的干擾，省掉許多麻煩，讓自己贏得更多時間和精力。

莎莎是娛樂公司的翻譯，性格沉靜，不喜交際。到公司任職之初，老闆見她衣著得體，氣質不俗，屢次勸她兼作公關，陪客戶吃飯，但都被她拒絕。

最後，老闆甚至還以不服從工作安排為由說服她，但她卻從容不迫地告訴老

闆，那不是自己的工作範圍，也和她的興趣相去甚遠，因此不願意做。

老闆對她的冰冷沉著態度印象頗深，從此也不再自討沒趣地把雜事分派給她，更沒有對她理由充分的拒絕懷恨在心。

莎莎因此爭得了只對分內工作負責的權利，並利用業餘時間翻譯了兩部小說，出版了一本自己的散文集。

以下，是另一個建立惡人形象的絕佳例子。

茱莉在電腦公司擔任行銷人員，由於精明能幹，深得經理賞識。

有一次她幾乎談妥了一筆交易，卻被同事迪娜接手搶了功勞。

茱莉不肯忍氣吞聲地為他人做嫁，便把經理請到辦公室，當著眾同事和迪娜的面，把這筆交易的來龍去脈交代清楚，最後並補充：「迪娜小姐真能幹，很懂得抓緊機會。」讓迪娜不由得滿臉尷尬。

此後，辦公室的同事領教了茱莉的潑辣，再也沒有人敢在她頭上動土。

由此可知，適時做一個只狠不毒的「惡人」，不只不會委屈自己，更不容易吃眼前虧。下屬不敢造次，同事不敢得罪，甚至老闆都不敢輕易觸你的楣頭，在辦公室中，這種形象可說是一種護身符，使你不至於被人欺侮。

人善被人欺，人惡無人惹，適時的「惡」的確能保護自己，但是也有負面效應。要知道，黑臉的形象容易得到他人的敬畏和順從，卻很難得到他人的拔刀相助，大家會對你敬而遠之，在你的威懾和驅策下努力工作，卻不會在危難時刻挺身而出，甚至會幸災樂禍，落井下石。

你若下定決心做辦公室裡的「惡人」，也可能被迫選擇孤獨，除了享受做事輕鬆，不受阻撓的快樂之外，同時也必須承受沒朋友的寂寞。

因此，雖說板起臉據理力爭，能讓你建立強大的威信，但面對任何事都以一貫強硬的作風面對，也不見得一定好。還是要懂得視情況而定，該圓融時圓融，該強勢時也要能挺起胸膛，才能在靈活變通之餘，同時不失堅持。

公私不分，小心印象減分

任何事情都要分清楚公與私，不能抱持隨便的心態。否則不只影響工作表現，也會影響到他人對你的印象，

公用的物品或文具，原本就是用在公事上的，如果拿來用作私人用途，就是犯了公器私用的大忌。

有些員工熟悉了環境之後，往往會順其自然，隨意使用這些免費資源。當然，這和公司的風氣也有著很大的關係。如果公司內大部分的員工都很隨便，那麼大家也會無所謂地浪費公司的物資。

你或許認爲這只是小事一樁，但一個小動作所造成的影響，有時往往比你想

像的要嚴重得多！

據說有一回，一位剛從學校畢業的社會新鮮人使用公司的信封寫信給朋友，這封信卻被朋友的父親看見。巧的是，這位父親就在與此公司有業務往來的另一間公司擔任高級主管。

這位主管因此認爲，這家公司的內部風氣不好，一定也無法認眞做好生意，於是決定中止與該公司的合作計劃。有誰會想得到，這竟然會是一個小小的信封惹的禍呢？

再從另一個角度來想，就算只是一個信封、一枝筆，但要是人人都隨意拿來用作它途，公司每年的消耗品費用就會居高不下。這項龐大的費用支出，甚至會連帶使生產成本提高，失去與同行業競爭的有利點。

除了公器私用，上班時最好也要避免處理私事。

上班時間內的每分每秒都必須用於工作，不可以打私人電話，更不可以溜出去做私人的事。一旦接到私人電話時，應該盡速結束通話，尤其是一些無關緊要的聊天電話。

若是因公外出，也須得到主管同意後才可在上班時間內外出。否則的話就必須事先辦妥請假手續才行。

如果在上班時間臨時有私人訪客，就算上司同意你會客，也要盡可能長話短說。假如不能在短時間內處理好，就必須依照規定請假。

任何事情都要分清楚公與私。不論你已工作多久，對環境多熟悉，都必須做到公私分明，不能因爲資歷深就抱持著隨便的心態。

要知道，公私不分可說是職場大忌，不只影響工作表現，連帶的也會影響到他人對你的印象，必須多多注意才是。

用坦誠化解紛爭

凡事想開點，不然光是一點小事就足以讓我們整天生活在憤慨和憂鬱之中，那樣會活得很累。

在這個社會上，總有許多人和事等著我們去經歷、去感受，如果事事都能夠以誠對待，將能活得更加積極快樂。

在現代社會中，激烈的競爭使人們受到越來越多來自各方的壓力，我們時常會聽到有意無意的消極抱怨以及牢騷。

比如，有的人喜歡道聽塗說，講話不負責任，甚至挑撥離間，在這個人的面前說那個人的不是，又在那人的面前說這個人的不是；有的人總以爲自己滿腹經綸卻得不到施展，因英雄無用武之地大罵上司有眼無珠；也有人常常爲了達到某些見不得人的目的不擇手段，不惜一切地詆毀別人。

這類事情讓人傷透腦筋，既嚴重影響人際關係，更影響企業的生產經營。來自精神上的損耗，嚴重地影響了企業的正常發展和個人表現。

如果我們能坦誠地對待身邊的每一個人，坦誠地對待生活和工作中的每一件事，從中維繫輕鬆的心情、人際關係的和諧，與人互動之間的諒解和關心，這樣的環境下，工作起來自然心情舒暢，即使任務繁重也不會有太多的怨言。工作效率有效提升，企業的效益也就會相應提高。

也許，有人不贊成「坦誠就有好運」，認爲說法太過於荒謬，但這的確是不爭的事實。

以坦誠的態度待人處世，生活將會充滿更多感動。然而，若是過於輕易相信人，也易使自己陷入人性醜陋的陷阱裡。

阿榮的經歷，可供我們作爲參考借鑑：

「那天傍晚路過市場，我被一個以前的鄰居叫住。他在附近賣水果，只見他指著面前的兩串葡萄對我說：『阿榮，這兩串葡萄挺新鮮的，要收攤了，只收你一百元怎麼樣？』」

「回到家，我忍不住向老婆炫耀起來。老婆見我說得那麼好，就拿起來檢驗，想不到放在磅秤上一秤，只有兩斤整，照市面上的價格只值六十元。也就是說，他騙了我。」

「我幾乎要跳起來去找他理論，只感覺受到傷害的怨恨、不滿和痛苦在胸口翻騰。上當受騙的感覺很不好受，我想今晚要失眠了。」

「坐下來後，喝一杯茶，這時想起騙我的這個人已經失業很久了，也許是因為生活的壓力太大，才做出欺騙的勾當。想到這裡，我的氣漸漸消了。臨睡前我還在想著這件事，但已經很冷靜了。」

「也許那個熟人壓根兒就不知道那串葡萄到底有多重，他估計約有四、五斤重，沒想到其實只有兩斤重，所以才讓我有受騙的感覺。不小心弄錯也是常常發

生的事，不是嗎？躺在床上，我不再想這件事了，結果睡了個好覺。一覺醒來，我精力充沛，感覺很快樂。」

最好像阿榮一樣，凡事想開點，不然光是一點小事，就足以讓我們整天生活在憤慨和憂鬱之中，那樣會活得很累。

做一個比較容易相信別人的人，得到的經驗與教訓也會比一般人更多，輕信別人也不盡然全是壞事。

因爲輕信，使人的性格不過於封閉，可以充分表現自己的眞誠，在茫茫的人海中與許多重感情的人結成知己，打好人際關係，讓做事順利。

因爲輕信，使人不必處處設防，不需時時警惕，不必眼觀四面耳聽八方。這樣就會覺得活得輕鬆自然，感到更加舒緩。

拒酒也不能傷了和氣

拒酒時，說話要注意不可超過限度，更應戒感情用事，否則不但達不到拒酒的目的，還會傷了和氣。

在商場的交際應酬中，酒宴是很難避免的場合。在這類場合中，最麻煩的一件事，就是要如何推拒對方的勸酒但又不傷感情。

在酒桌上，總有些人以喝酒的多少來衡量對方的誠意，但這麼一來可苦了酒量淺的人。在這種情況下，要是不喝就顯得自己沒誠意；但喝多了，又怕自己出洋相或將事情搞砸。

爲了解決這類問題，在商場上活動的人，一定要有一套「拒酒之道」，好在對方頻頻勸酒的「攻勢」之下平安脫身。以下就介紹幾個常見的拒酒辦法：

一、滿面笑容，說盡好話

相當多「酒精（久經）考驗」的拒酒者，都是任憑對方說得天花亂墜，頻頻舉杯勸酒，但自己仍舊笑瞇瞇地不斷推辭，而且還能振振有詞地左閃右躲，令勸酒者無可奈何但又無法生氣。

張某喬遷之日，特地邀請親朋好友一同飲酒聚餐，小李也在其中。然而小李平素很少喝酒，酒量非常淺。

在酒宴上，小趙提議要小李「意思」一下，但小李深知自己酒量的深淺，於是連忙起身，一個勁地陪笑臉，說圓場話：「酒不在多，有喝就行」、「我們經常見面，不必客氣」、「你看我喝得滿面紅光，全是託你的福……」結果使小趙無可奈何，只得放棄勸酒。

二、實話實說，贏得諒解

拒酒時若能突顯出事實，說明自己不便飲酒的實際情況，再配上得體的語言，多半就能令勸酒者放棄。

有一天，A先生參加一場生日宴會。在宴席間，B先生由於好久未見到A先生，提議要和A先生痛飲三杯，但A說：「你的好意我心領了，遺憾的是我最近一段時間身體不適，正在吃藥，已好久都滴酒不沾，只好請你見諒。好在來日方長，若後會有期，日後我一定與你好好喝幾杯，好嗎？」

此言一出，B先生也只好見好就收了。

三、強調後果，表示感謝

飲酒應當是「喝好」而不「喝倒」，讓客人乘興而來，盡興而歸。至於那種不顧實際情況的勸酒風，說到底，是以將人「喝倒」爲目的，只能說是一種充滿低級趣味的行爲。

在這情況下，作爲被勸酒的人，自覺喝得差不多時，應向主人或勸酒者說明情況。例如：「感謝你對我的一片盛情。可是我的酒量本來就不好，今天因喝得格外開心，又多喝了幾杯，再喝就『不對勁』了，還望你能體諒。」

這麼說完以後，就再也不要喝酒。

這種實實在在說明後果和隱患的「拒酒之道」，只要勸酒者明白「樂極生悲」的道理，多半都會善解人意地見好就收。

四、巧設圈套，反守為攻

「反守爲攻」的拒酒之道在於先不動聲色、靜聽其言，耐心等待時機。一旦時機成熟，就緊抓住對方言辭中的「漏洞」，以此切入，反守爲攻，使對方無言爭辯，不再頻頻勸酒。

以上四種都是極爲實用又好用的「拒酒之道」。但不論是採用哪一種，在推辭對方勸酒之意時，說話要注意不可超過必要的限度，更應戒感情用事，否則不論採用何種拒酒辦法都將適得其反，不但達不到拒酒的目的，還傷了和氣，這就失去一同飲酒以交流情感的效用了。

喝酒要「喝好」不「喝倒」

只要不喝醉，頭腦保持清醒，自然就不會胡言亂語。所以在參加酒宴時，一定要謹記「喝好」不「喝倒」的原則，讓自己盡興而歸。

生活中經常會遇到各類酒宴，大如一個國家元首宴請貴賓，小如三五好友一同歡飲，這本來都是非常愉快的事情。但是，如果酒席上有人發酒瘋、胡言亂語，往往會影響氣氛，甚至因而產生許多令人遺憾的事情。

會造成這種情況的原因之一，就是說話者沒有顧及到酒宴上說話的忌諱。

酒宴上說話的忌諱包括以下五點：

一、忌假意客套，過分勸酒

勸酒行爲應該適可而止，以免對方爲難。

酒席上歡快融洽的氣氛，是以誠意爲前提。若是不顧別人的酒量和身體狀況，一味勸別人多喝，甚至打定主意非要對方醉倒不可，那就有違待客之道了。飲酒、勸酒時，應有所節制才好。

二、忌出言不遜，惡語傷人

有些人平素對某人懷有成見，或因別人曾損害過自己的利益而懷恨在心。這些話平時不敢說出口，於是就在酒席上，假借酒醉的名義胡言亂語、盡情宣洩，甚至還「出口成髒」、惡語傷人。

這種行爲實在非常不可取，不但破壞了酒席間愉快的氣氛，他人對你的好印象也會大打折扣，甚至從此對你懷有警戒之心。

三、忌感情用事，相互吹捧

酒席間，很多人容易用溢美之辭爲對方織出一頂頂高帽子。

例如，假使對方是官場上的人物，哪怕他以權謀私、尸位素餐，也會恭維他是「德高望重」；對方若是企業家，哪怕他連年虧損、瀕臨破產，也讚譽爲「經營有方，前途無量」；對方若是舞文弄墨的文人學士，又忙不迭地附庸風雅。總而言之，就是不顧事實，盡挑好聽的話語說，把肉麻當有趣，期望用廉價的頌揚來聯絡感情、增進友誼。

這類情況在彼此酒意仍濃時還不太會有問題，可是一旦對方酒醒之後，想起種種不合實際的阿諛奉承，必會心生厭惡，對你的評價也會大幅下降。

四、忌自我吹噓，抬高自己

在酒席間，有些人喝得醉醺醺之後，會變得神智不清，平時拘謹、謙恭的態度全拋諸腦後，甚至虛榮心大發，頻頻吹噓自己：「我當某某長時，那人還只是個跑腿的咧！」或「那職位有什麼了不起，我才看不上眼呢！」或「只是發表幾篇文章有什麼厲害的？我隨便寫寫都比他強！」

總之，在酒精作祟下變得目空一切、自命不凡、唯我獨尊，言談中毫無羞恥心可言，這可就丟臉丟大了。

五、戒言語粗俗，酒後失態

酒過三巡後，有些人一張嘴就是污言穢語，全沒了平時正經八百、風度翩翩的模樣，不但言語粗俗鄙陋，行爲還不檢點，甚至對座上女賓或女服務生毛手毛腳，醜態百出。此類酒後惡行有傷風化，令人側目，自然會被眾人唾棄，平時努力經營出的好形象也就毀於一旦了。

要避免碰觸以上這幾點酒席間的忌諱，最好的辦法就是避免喝醉。只要不喝醉，頭腦保持清醒，自然就不會胡言亂語甚至出盡洋相。所以，在參加酒宴時，一定要謹記「喝好」而不「喝倒」的原則，讓自己乘興而來、盡興而歸，也使酒宴發揮它最大的交際應酬作用。

懂得做人，更懂得用人

身為管理階層，不只要圓融做人，還要懂得用人之道。如此一來，才能真正做到輕輕鬆鬆、遊刃有餘。

人無完人，再怎麼有才能的人也會有缺點，十全十美的才子是絕對不存在的。身爲管理者應能夠顧全大局，不必執著於一些無足輕重的細節。

《郁離子》一書中，有著這樣一個故事。

趙國有戶人家老鼠成患，主人便到中山國去討了一隻貓回來。美中不足的是，中山國的人給他的這隻貓很會捕老鼠，但也愛咬雞。

過了一段時間，趙國人家中的老鼠都被捕盡了，鼠害不再，但家中的雞也全被那隻貓咬死了。

趙國人的兒子於是問父親：「為什麼不把這隻貓趕走呢？」

趙國人回答說：「這你就不懂了，我們家最大的禍害在於老鼠，不在於沒有雞。老鼠會偷吃糧食，咬壞衣服，打通房子的牆壁，毀壞家具器皿，我們甚至可能會因此挨餓受凍，不除老鼠怎麼行呢？沒有雞，最多不吃雞肉而已，要是為了毫不重要的雞趕走貓，老鼠不就又出來作怪了嗎？」

這個故事告訴我們，任何事情有好的一面，自然也就存在壞的一面，用人也是如此，重點在於我們的需求是什麼。

日常生活之中，確實也有這樣的人，他們的貢獻，比起他們的缺點和所做的錯事要大得多，如果我們只是盯住別人的缺點和問題不放，又怎麼充分發揮人才的積極性呢？

•注重感情投資

我們應把握時機投資感情，這對於拉攏和控制部下有著異乎尋常的好效果。要知道，一個富有人情味的上司必能獲得員工的衷心擁戴。只有和下屬打好關係，贏得衆人的擁戴，才能促使他們盡心盡力地爲你工作。

日本著名的企業家，松下電器的創辦人松下幸之助就是一個十分注重感情投資的人，他曾經這麼說過：「最失敗的企業家，就是那種員工一看見你，就像魚一樣沒命逃開的管理者。」

據說，他每次看見辛苦工作的員工，都要親自上前爲他沏一杯茶，並感激地說：「太感謝了，您辛苦了，請喝杯茶吧！」

正因爲連這些小事，松下幸之助都不忘記表達對下屬的愛和關懷，所以他獲得了員工們一致的擁戴，每個人都心甘情願爲他及公司效力。

•創造有利於人才發展的機會和環境

建造一個百年企業，不單是將產品控制好，人員制度化，更應該不斷求新、求變，激發員工追求進步的心理。

技術到底是由人創造的，也可以用金錢買來，但是引進一個好人才卻可以創造更新的技術，形成更多更好的新產品藍圖。

引進人才與培養人才是重要的，但對企業家來說，更重要的是還要在企業中創造一個適合人才發揮的機會和環境。

・智慧與才幹是事業成功的法寶

作爲企業的主要決策者和管理者，個人的智慧和才幹會直接關係到企業的興衰，與內部凝聚力和戰鬥力。

可以說，人才就是財富。在當今科技發達、市場激烈競爭的情況下，誰擁有人才，誰就擁有財富，擁有不敗的基礎。

反之，不講眞才實學，只靠關係後台的人，即使坐上管理者的位置或身居要職，但終究會被無情的競爭淘汰。

作爲一名精明的企業家，要將選人、用人作爲企業發展的一項長遠、具有戰略意義的工作。對於管理階層來說，不只要懂得做人圓融的道理，還要懂得用人之道才行。

如此一來，不管是公事，或是人際關係上的處理，才能夠眞正做到輕輕鬆鬆、遊刃有餘。

別讓不懂人情世故害了你

作　　者　夏洛克
社　　長　陳維都
藝術總監　黃聖文
編輯總監　王　凌
出 版 者　普天出版社
新北市汐止區康寧街 169 巷 25 號 6 樓
TEL / (02) 26921935 (代表號)
FAX / (02) 26959332
E-mail：popular.press@msa.hinet.net
http://www.popu.com.tw/
郵政劃撥 19091443 陳維都帳戶
總 經 銷　旭昇圖書有限公司
新北市中和區中山路二段 352 號 2F
TEL / (02) 22451480 (代表號)
FAX / (02) 22451479
E-mail：s1686688@ms31.hinet.net
法律顧問　西華律師事務所・黃憲男律師
電腦排版　巨新電腦排版有限公司
印製裝訂　久裕印刷事業有限公司
出 版 日　2018 (民 107) 年 11 月第 1 版
ISBN◉978-986-389-558-9　　條碼 9789863895589

國家圖書館出版品預行編目資料

別讓不懂人情世故害了你／
夏洛克著.—第 1 版.—：新北市,普天
民 107.11 面；公分. - (現實大師；99)
ISBN◉978-986-389-558-9 (平裝)

現實大師

99